Enjoy是欣賞、享受，
以及樂在其中的一種生活態度。

快！把名片收好！因為——你的名字，正透露出許多祕密！

袁來◎著

職場明星
不說的成功祕密
——姓名學

【推薦序一】
陪伴我一飛沖天的名字

唐玉琬

　　袁老師終於出書了！說真的，我還真想問問他，這些年都在幹什麼。約在10年前，當命理節目還沒興起時，就已經在一次訪談的場合認識袁老師，記得那時我還是用著我的本名——唐雅君，跟一位企業女強人同名，老實說還是會有小小的困擾，因為同名的關係，她的稿費居然會寄到我家裡呢！不過我依然沒有動念要改名，畢竟名字是爸媽給的，我很尊重爸媽的意見，所以困擾歸困擾，但也沒採取行動，直到遇見袁老師。

　　袁老師很熱心地告訴我，我本名的缺失是婚姻不美，以及個性剛硬。我隨口問了句：「能改嗎？」袁老師說：「能。」他可以再幫我看看該怎麼改。那次的節目結束後，大家也分道揚鑣了。至於改名，老實說我沒抱很大期望，因為演藝圈大家都講場面話，應酬一下在所難免，誰也不放在心上，要是事後追著問：「名字改好了沒？」豈不是太瞎了？搞不好會被認為不上道呢！

　　萬萬沒想到，過兩天居然接到袁老師的主動來電，他說已經幫我想好名字筆劃了。所有五行，都可補強我的本名運勢不足之處，所以我可以在身分證不用改名的情況下，使用藝名帶來的人氣，補我本名的好運。真沒想到，袁老師如此替我設想周到，而且不求回報地主動幫忙，真的是讓人倍感窩心。

　　就這樣，唐立淇這個名字，陪伴我一飛沖天。很多人知道我的名字是改過的，也常常詢問我是哪位老師幫我改的，我就會推薦他們找袁老師。這麼多年了，我也很納

悶，以袁老師的功力，為何不專注在命理界好好發展？事實上，這本書早就該出版了。遲至今日，我只能說，看來您現在才想通了吧！

祝福袁老師這本書可以大賣，並且將正確的訊息傳遞出去，可以幫助更多的人，功德無量呢！

【推薦序二】

接近民意的命理學
才是市場需要的人際關係

陳凱倫

與袁老師認識，是在我6年前所主持的廣播節目中，當時他是擔任特別來賓，線上為聽眾解惑。認識袁老師很多年，我覺得他跟其他的命理老師不太一樣，命理不是他的專職工作，幫別人算命都是基於一種經驗的分享與交流，我覺得他是一個很誠懇的人，不會口若懸河，不會為了效果，而去說一些八卦或是譁眾取寵的話。

由於袁老師平時有自己的正職工作，不同於其他的命理老師，他每天都生活在你我都會接觸到的職場，所以

他的人生閱歷是很真實的，比較接近「民意」！

　　民意其實就是市場，當你知道市場的需求，你自然知道要如何呈現自我的專業，這樣才能將自己的學問與所長發揮與延續。

　　命理師應該是很好的傾聽者與心理師。我覺得袁老師就是扮演這樣的角色，他不會讓你覺得他是在算命，所以一個好的命理師應該是要被人尊重的。另外，站在佛家的立場上，太過花俏或是危言聳聽的言論，是在造口業，這是命理不應該有的倫理。

　　大部分的人都覺得命理很玄，充滿著神祕感，但是依我個人所見，命理其實與我們的生活緊緊相繫。比方說，十二星座，就是西洋命理中的一部分，像我就很怕跟「魔羯座」的人相處，我覺得他們深藏不露、城府很深，如果你不小心得罪他，那就麻煩大了！而「射手座」的人

熱情率真，做朋友很好，但是在職場上很吃虧，常常不小心就說錯話得罪人，當然這是我個人的淺見，因為身為射手座的我，正好身邊有很多魔羯座的朋友，所以感觸比較深刻！當然凡事也沒有絕對的，回想我當初進入大愛電視台時，提拔我最多的，就是魔羯座的前任總監姚仁祿先生。

我舉以上的例子，就是要告訴大家，其實命理看個性是很值得參考的，身為在職場上工作的你我，都應該要多少涉獵！或許我對姓名學的接觸不是很深，但是當我看到袁老師將姓名學與職場結合，讓大家用姓名，就可以了解一個人的性格與人格特質，進而更懂得與身邊的人相處，我覺得它是很實用的生活工具。

四十歲之後，在職場上人際關係非常重要，而人際關係的圓融與否，其實與自身的個性有很大的關係，這些

東西不是全靠「卡內基」可以學習到的。「卡內基」如同
台大的文憑，如果放著不活用，還不如進入社會後，學習
到的寶貴人生經驗來得更重要，而「卡內基」不能作為家
常便飯，因為你不可能每天都記得用「卡內基」與他人相
處，所以掌握自己與身邊人的個性真的是非常重要。

　　很高興看到袁老師，將一般人認為艱深難懂的姓名
學與我們的生活結合，讓你我都可以藉由這本書，更懂得
如何與他人相處，並且建立更融洽的人際關係。

【自序】

袁來如此

　　研究姓名學超過20年的時間，我一直不是一個所謂專業的姓名學老師，說非專業，並非我不夠專業，而是我只將姓名學當作興趣，沒想到要將它當成是工作之一。

　　有人問我為何筆名叫「袁來」？這名字的由來也是因緣際會！記得差不多10年前吧，當時我在東森電視台的「娛樂壹週報」節目中擔任固定的姓名學老師，那時候名字還叫「唐雅君」的唐立淇則是固定的星座老師，我用的是本名「袁敬琪」。有一次主持人陳孝萱在跟我聊天時，

就聊到「袁老師你自己是姓名學老師，為何不幫自己取一個響亮又好記的筆名？」後來他就隨口說「你乾脆叫袁來好了！」我一聽，覺得這個名字挺有趣的，算了筆劃之後也覺得不錯，正好當時我太太懷了雙胞胎，「來」這個字的意象，就如同樹下站了兩個人，所以就索性用了「袁來」做為筆名。

改了名字之後，也上了一些電視、廣播節目，我自己覺得以前用「袁敬琪」的名字時，對於幫人家算名字，比較隨性，有時會用比較戲謔的方式來呈現，但是用了「袁來」之後，我覺得自己變得擅於說理、有自我原則，在幫別人算名字時，比較可以給予對方有幫助且周延的解釋。

就名字的功能來說，「袁來」已經符合好名字的要件，筆劃屬於吉數，而且也可以給人深刻的印象。照理來說，擁有一個好名字，應該有機會活躍於幕前，或許是因為緣法的關係，當時我正好被公司派到大陸，所以曝光機

會就斷了，不過回來之後，過去曾經被我算過名字的朋友
或觀眾，還是一直持續與我保持連繫，暝暝之中，也是走
著「袁來」這個名字的運勢，所以才一直延續到今天，能
有機會寫這本書。因此一個名字並不代表所有緣法的變
化！我還是要說「名字不能代表一個人的全部，但是從名
字中，絕對可以透露出一個人的訊息！」

　　寫這本書的用意，不是要教大家要用姓名學來套用
在每項人事物上，反而是將多年來算過無數人姓名所累積
的經驗，將它整理成一套可供參考的共通點，讓我們在職
場上與他人相處時，透過「姓名學」，可以大致捉到一個
人的個性，不要隨便踩到他人的地雷，在工作的推展上可
以更順遂。

　　當然，盡信書不如無書，相信這本書無法涵蓋所有
人性的範圍，但希望能由這本書開始，帶著大家去追尋命
理的真理。

姓名學沒那麼神

　　如果人的命運是可以被演算的，我們可以將人的命運用數學量化來表示，那麼凡是用出生年、月、日、時（所謂的八字）來推演命運的大約佔55%，如八字、紫微斗數、鐵板神算，甚至西洋星座等等，當然我們一定也有聽過手相、面相、風水、占卜等各種推算未來命運吉凶的方法，這些其實也都佔有相當的百分比，而姓名學卻只佔5 %而已，但是這5%卻是命運中關鍵的5%。

　　何以說姓名是命運中關鍵的5%呢？古人常言「人如其名」，因為姓名是代表一個人的符號！而姓名在命理上的科學立論根基，是在於中文文字中，經由字形字義的特

殊結構，透過音韻的傳達，進而對人的潛意識產生影響作用，並養成個別的思想與價值觀。

也因為個別不同的個性思想與價值觀，所以決定了不同的行為與選擇，又因不同的行為與選擇，導致了不同的結果，而這個結果就是命運！

舉例來說，中文的每一個單字都有一個意義，我姓袁，袁的部首是衣服的衣部，本字的意義是穿著禮服的人，也可說為走路兩手擺動時，衣袖飄然的樣子（引申有走路散步之意），那麼一個衣袖飄然的人，在一個範圍裡走路散步，就成為公園的「園」字了。

中文字只要有犬部的就有野獸之意，而像人一樣走路的野獸，猿猴的意態是不是就出來了？可是這些字對人又有何影響？那是不是所有姓袁的都是一副尖嘴猴腮的樣子呢？當然不是！

舉個例子，如果有一個人名叫秋蓮，是否還未見其

人，就會給人有比較辛苦、悲情、苦命的感覺呢？名字叫娜娜的是不是也會讓人有輕浮、洋派、外向好動的感覺呢？再者，姓名的用字也會受時代集體印象的影響，如「鳳」這個字，本意是公的龍（所謂鳳求凰，凰才是母的），在清朝以前「鳳」這個字還是男生的名字使用居多，就因《紅樓夢》裡有一個厲害的角色「王熙鳳」，所以輾轉至今，名字裡有「鳳」這個字的，多半都被認為是女人；還有「琪」這個字也是，原意只是美玉的意思，而現在大都被定型為女生用字。無端端的，字就被分陰陽了！

雖說並非姓袁的都是一副尖嘴猴腮的模樣，但是個性會讓人覺得像猿猴一樣聰明、靈活、投機。而名叫秋蓮的人，不一定辛苦、悲情、苦命，但是個性會容易變成患得患失、多猶豫不決、逆來順受、委曲求全，所以名字所代表個人的印象，是不是也影響著我們的命運呢？

不過話又說回來了，由名字來衡量一個人的全部是

不公平的；但是從一個人的名字中，絕對可以透露出一個人的個性與思考邏輯模式。「姓名」其實也可以像西洋的十二星座，讓大部分的人都能說出浪漫的雙魚座是如何如何；崇尚自由的射手座又是怎樣怎樣，在許許多多關於命理的方法中，姓名學是最容易取得和學習的。經本書的介紹，只要稍加練習與觀察周遭所接觸的人，很快的，就能掌握對方的個性、人格特質、思考模式。

當然姓名學也有它獨特的演算方式，它先把名字依筆劃區分為——天格、人格、地格、總格、外格，五格中所得的筆劃再分別賦予木、火、土、金、水五行的特性，如此就先把人大致分成二十五種個性了，若再配上六十甲子天干地支，五行生剋與字型字義就不只有千萬種變化。

職場應對技巧

——名人狀況劇模擬

其實姓名學非常有趣,從名字上就可以透露出你跟另一個人可能的互動模式,為了讓讀者擺脫過去對姓名學刻板難懂的印象,並且引領大家對姓名學產生興趣,在了解姓名學的基本知識之前,筆者先以五個模擬的狀況劇,來呈現職場的應對技巧。

職場應對技巧──名人狀況劇模擬

在職場上,要如何與「人」應對,通常是最難的,但也是最重要的,有時不是你能力強就能應對得宜、工作順利、達成目的,往往知己知彼,透視對方的心,反而能事半功倍。到底在職場上面對不同的人,要如何應對呢?

為了讓讀者能夠身入其境,我特別以名人的姓名為例,按照金、木、水、火、土,選出五位不同人格屬性的名人,並以其分別對應五行五種不同的人,設計模擬以下25種狀況劇,看看當他(她)對上他(她)的時候,他們會擦出什麼火花呢?

1 應徵李敖助理

　　如果李敖想應徵一個新的助理，假設丁柔安、陳孝萱、柳翰雅、璩美鳳、劉嘉玲五個人都來應徵，在面試的過程中，李大師出了一個考題為「如果現在有兩個重量級的大老闆不約而同的跟我約了同一個時間見面，而他們兩個人都很重要。你是我的助理，會怎麼處理這件事？」看看以下這五位應試者，人格分屬五行不同的屬性，他們可能會怎麼回答李大師的問題呢？

李敖的人格特質

　　李敖的「人格」為18劃屬金，人格特質很像「刀」！他對助理的要求很高，必須具備聰明、靈活、耐操、手腳快的條件，有些吹毛求疵。他會認為作為他的助理，本來就應該具備這些能力；不過，一旦你通過他的考驗，成為他可信任的得力助手時，他也會不吝於在實質上給予回饋

（例如：薪水）。

五位不同屬性應試者的特質

(1)丁柔安・人格11劃屬 木 （藤蔓）

人格生天格（木生火），無論他的老闆是誰，會自然的燃燒自己，成就老闆。能找到這樣的下屬，絕對是一個聽話的好幫手。關於李大師的考題，依照丁柔安的個性，她會馬上請示李大師，由他來決定要先見哪一個人。

(2)陳孝萱・人格23劃屬 火 （火把）

人格剋天格（火剋金）。在面對老闆時，凡事自己會先做主觀性的決定，再來影響老闆，而且他會給自己時間，以使老闆聽從他的建議。但如果時間超過自己設定的期限，還是無法改變老闆的想法，他則會選擇放棄溝通。關於李大師的考題，陳孝萱會以「先來後到」來決定要約

見誰。在處理的過程中，不會去麻煩老闆，通常她會自己處理完畢後，再把決定告訴老闆。

(3)柳翰雅・人格25劃屬土（泥土）

人格剋天格（土剋水）。在面對老闆時，大都會以老闆的意見為意見，不過凡事他都會先答應再說，因為他不想負責任也不想得罪人。關於李大師的考題，柳翰雅的處理方式是，兩個都先答應，等時間快到了再詢問老闆的意見，由老闆來決定要先見誰。

(4)瓈美鳳・人格27劃屬金（金幣）

人格生天格（金生水），他自視甚高、對自己相當有自信，認為自己不但很了解老闆，同時也是可以代表老闆的。關於李大師的考題，瓈美鳳的處理方式是，既有的行程不可更動，就算對方是重量級人物，也要配合我的時間，所以她會將李大師有空的時間告訴對方，看誰能配合

就先見誰。而在處理的過程中，她不會去麻煩老闆來幫她決定。

（5）劉嘉玲·人格29劃屬 水 （瀑布）

天格剋人格（土剋水），對老闆盡心盡力，但行事作風，還是我行我素，他會用自己的方式，達成老闆的要求！關於李大師的考題，劉嘉玲會以自己的喜好來決定要先見哪一個人，然後再把結果告訴老闆，並會說服老闆接受她的決定。

 ## 你算對了嗎？

根據以上五位應試者的人格特質，以丁柔安最適合當李敖的助理。雖然李敖的人格剋丁柔安的人格（金剋木），但丁柔安的人格生天格（木生火），是一個聽話的好下屬，不但會盡力完成老闆的要求，同時也會對老闆很有向心力。

2 找名律師謝震武打誹謗官司

假設有張曼玉、陳幸妤、陳思璇、王菲、楊丞琳，五個不同人格屬性的客戶來找謝震武打誹謗官司。在訴訟的過程中，他們將會產生什麼樣的互動呢？

謝震武的人格特質

謝震武的「人格」為32劃屬木，人格特質如同「蘭花」！他不能接受別人說謊，一旦發現委託人所說的與事實不合，他只會做好自己的本分，懂得保護自己的名聲，絕不做違背自己原則的事情。如果他覺得委託人與他的個性不合，他會寧可不接這個案子。

五位不同委託人的特質

(1)張曼玉．人格22劃屬木（蒲公英）

當她覺得自己受到委屈時,情緒會不太穩定。對律師描述她受到誹謗的過程時,會顯得有些神經質。她會不斷地告訴律師,一定要讓誹謗她的人得到教訓。

(2)陳幸好‧人格24劃屬 火 (鞭炮)

在對律師描述她受到誹謗的過程中,她會情緒非常激動地直說對方的不是,無論事實與否。事實上她也不見得心裡有譜,希望對方付出什麼代價,但就是會不停地罵對方。

(3)陳思璇‧人格25劃屬 土 (水泥)

凡事會盡量以和為貴,不要得罪人,因此她會要求律師最好能和解,並且還希望得到實質的利益或賠償,例如:賠償金或公開道歉信。

(4)王菲‧人格18劃屬 金（刀）

她會很堅決地告訴律師，她一定要讓誹謗她的人吃上官司，要她和解非常不容易。

(5)楊丞琳‧人格19劃屬 水（水溝）

一旦找上律師，她會希望全面委託律師代為出面處理，自己則會非常低調的希望在幕後就好，不要站在火線上與被告對峙。

你算對了嗎？

根據以上五位委託人的特質，陳思璇相對於謝震武來說，是一個比較好的客戶，因為她會懂得誘之以利，使得接到她case的人，會覺得這是一個好生意。

3 跟台灣首富郭台銘談生意

如果楊宗緯、章小蕙、孫燕姿、陶晶瑩、蕭淑慎，五個不同人格屬性的人，想要將一個專利性的商品賣給台灣首富郭台銘，他們會用什麼樣的方式，來向郭台銘推銷他的產品，以談成這筆生意呢？

📁 郭台銘的人格特質

郭台銘「人格」為20劃屬水，特質如同「洪水」！外強中乾、個性有些鬱悶，容易自我傷害，但往往能大難不死而成大器，通常很容易博得別人的同情，如同洪水，當它氾濫成災時，其破壞力、影響力又強又全面性。

總格34劃屬火，人格20劃屬水，自身水火沖，具生意手段及手腕，眼光很精準。能不能成就一項生意，在乎的是產品的功能性對自己有無實質的幫助（利益）。

五位不同推銷者的特質

(1)楊宗緯・人格21劃屬 木 （榕樹）

他會用最傳統的方式，準備好產品介紹的各種相關資料，並很認真地介紹產品的特質，而且會流露出一副很希望對方買他產品的渴望。

(2)章小蕙・人格14劃屬 火 （火柴）

向郭台銘推銷產品的方法，其實跟楊宗緯的方式有點像，但會過於囉嗦煩瑣、無重點。在過程中可能會被郭台銘打槍，最後只能用降價策略來吸引郭台銘買她的產品。

(3)孫燕姿・人格26劃屬 土 （玻璃）

在介紹產品時，會非常靈活、有吸引力。孫燕姿會直接地告訴郭台銘，這個產品的價值是什麼，如果你擁有這

項產品的銷售權，它會為你帶來什麼利益。

(4)陶晶瑩・人格28劃屬金（銅）

在介紹產品時，特別著重在產品的技術性。陶晶瑩會用專業的包裝及艱澀的專有名詞來介紹產品，企圖告訴郭台銘，這項產品是一種專利性的技術，在市場上是非常有價值的發明。

(5)蕭淑慎・人格30劃屬水（湖水）

產品的專業性，對蕭淑慎而言不是介紹的重點，她反而會採用「欲擒故縱」的方式吸引郭台銘買她的產品，例如：在洽談的過程中，會隱約地透露這項產品其實很搶手，很多人都想買。

你算對了嗎？

　　根據以上五個推銷者的特質，到底誰可以吸引到郭台銘買下產品呢？孫燕姿有可能會得標，因為她直接告訴郭台銘產品的利益，但是章小蕙、陶晶瑩也有可能推銷成功，因為章小蕙的「價格策略」有可能打動郭台銘，而陶晶瑩強調產品的專利性與技術性，只要郭台銘判斷這項產品的確在市場上有獨一無二的價值，還是有成交的機會。

4 向國際導演李安爭取演出機會

　　如果謝霆鋒、張雅琴、林依晨、蔡康永、陳菊，五個不同人格屬性的人，向國際大導演李安爭取演出電影的機會。到底他們會用什麼方法來獲得李安的青睞呢？

📁 李安的人格特質

　　李安「人格」13劃屬火，人格特質如同「霓虹燈」。性格剛中帶柔，具有藝術天分，同樣也帶有藝術家的脾氣。性情敏銳、自尊心強、有臭脾氣，不喜歡呆板、一成不變的事物，善於表現自己。如同光彩閃爍奪目的霓虹燈，總能在人群中展現自己不平凡的氣質。

　　要得到李安的青睞並不容易，因為他軟硬都不吃。在選演員的時候，他會以角色的需要來決定誰可以勝任，非常具有自我的想法。他完全不需要卡司來包裝他的電影，

因為他認為自己可以創造卡司。有藝術家的偏執。

五位不同爭取者的特質

(1)謝霆鋒・人格32劃屬木（蘭花）

他會不斷地告訴李安，為了爭取這個角色，自己做了哪些功課，表現出極度的誠意。

(2)張雅琴・人格23劃屬火（火把）

她會想辦法跟李安套交情，希望用搏感情的方式，獲得李安的認同。例如：你寫的劇本或角色，我曾經有過相同的體驗，所以我看過之後覺得很有感覺。

(3)林依晨・人格16劃屬土（紙黏土）

她會很認真及仔細地把過去自己演過什麼戲、什麼角

色、得過什麼獎告訴李安，展現她在表演上已經具備一定的經驗，所以能夠勝任這個角色。

(4)蔡康永・人格28劃屬 金 （銅）

他會非常自信地告訴李安，這個角色非我莫屬，因為這簡直是為我量身打造的，這個角色根本寫的是我。

(5)陳菊・人格30劃屬 水 （湖水）

為了爭取到這個角色，她將會不擇手段，以「配合」來獲得演出機會。不計任何代價，只要李安願意用她，叫她做什麼都可以。

 你算對了嗎？

雖然說要得到李安的青睞並不容易，因為他軟硬都

不吃，要用誰，心中早有一套標準及想法，不過若以上述的五個人中，到底誰較有機會向李安推銷成功？謝霆鋒、林依晨機會都很大，因為兩個人會一直向李安強調自己是認真配合且經驗豐富的演員，李安會覺得，這兩人的配合度與可塑性比較強，經過他的雕塑，是有可能達到他的要求。

5 與第一名模林志玲洽談經紀約

如果杜正勝、沈玉琳、周杰倫、嚴長壽、郭台銘，五個不同人格屬性的人，想跟台灣的第一名模林志玲洽談經紀約，爭取擔任她的經紀人。到底這五個人會用什麼方法吸引林志玲呢？

林志玲的人格特質

林志玲的人格為25劃屬土，人格特質如同「水泥」！桃花重，高傲不服輸、愛面子，能言善道、有交際手腕，凡事皆以自身利益為出發點，處事一定會將表面裝飾得很漂亮，懂得粉飾太平、報喜不報憂。至於實情如何，能過關就好，懂得偽善掩飾。

以目前林志玲早已名利雙收的情況而言，心中其實充滿著危機感。要當她的經紀人，最重要的是能夠幫她開闢

事業的新版圖，並且這條新道路能讓她走得又長又遠。

五位不同爭取者的特質

杜正勝・人格12劃屬 木 （含羞草）

他會天馬行空的提出一些自認為有創意的東西，並且不停地畫大餅，告訴林志玲自己可以為她找到哪些演出的機會，希望林志玲可以配合他。但是這些東西可能不是林志玲所需要的。

沈玉琳・人格13劃屬 火 （霓虹燈）

他會告訴林志玲自己有哪些資源可以幫助她增加曝光，並且不斷地提出自己過去擔任經紀人的經驗，曾經成功地操作哪些宣傳造勢。

周杰倫‧人格16劃屬土（紙黏土）

他會以創意取勝，天馬行空的告訴林志玲，我覺得你可以做些什麼，別人愈想不到的，愈可以去嘗試，而我可以幫助你什麼。所提出的可能都是不在林志玲經驗範圍或專長的表演。不見得深入了解林志玲的需要，只一味地提出自己的想法。

嚴長壽‧人格28劃屬金（銅）

會有些嚴肅與自信地告訴林志玲，或許你可以離開演藝圈，我有哪些雄厚的資源，這些不是你現在可以接觸到的。如果你不當藝人，我可以幫你如何轉型。

(5)郭台銘‧人格20劃屬水（洪水）

他會非常乾脆地告訴林志玲，只要你簽給我，我會保障你多少的收入，一定可以讓你名利雙收。

你算對了嗎？

　　以上五位爭取者，到底誰較有可能打動第一名模林志玲，成為她的經紀人呢？人格屬金的嚴長壽，凡事善於規劃，會讓林志玲覺得有安全感，尤其林志玲人格屬土，正好與嚴長壽相生（土生金）。而人格屬水的郭台銘，會讓林志玲覺得可以予取予求（土剋水），只要是她提出的要求，郭台銘完全沒有抗拒的能力，如果擔任林志玲的經紀人，絕對會讓她獲得最好的條件，因此嚴長壽與郭台銘較有可能打動林志玲為她規劃演藝事業。

一、姓名基本架構計算

一、姓名基本架構計算

　　要懂姓名學，必須先學會如何計算姓名的格局，姓名
學的基本架構是由天格、人格、地格、總格、外格所組成，
每格都代表著不同的意義，而每格之間更會產生五行間的生
剋關係，而在計算姓名的五格之前，必須了解中國人姓名的
基本類型、筆劃的計算及如何將筆劃轉換為五行。

1. 姓名五格的意義

天格：

　　代表「先天運」，也代表父母、長輩、上司、長官
等。天格是由姓氏的筆劃運算，意味著祖先流傳而來，對

應數的本身並無好壞吉凶的影響，但對應「人格」可以看作與父母、長輩、上司的關係。

人格：

代表「主運」，也代表個性、思考模式、人生觀及價值觀。此格的靈動力，足以左右人一生的命運發展。「人格」對應天格、地格、外格與總格的生剋關係，皆有極大的誘導、暗示的影響力，因此一個人的姓名中，「人格」非常重要，它代表著一個人內心最深沉的想法。

地格：

代表「基礎運」，也代表子女、下屬、兄弟姐妹、晚輩與婚姻的關係，由此也可看出中年時期的運勢發展。

外格：

代表「副運」，也代表一個人對外的運勢、人際關係

與所在環境的特性。外格與人格的對應關係，也影響著一個人的命運發展。

總格：

代表「總運」，也代表著一個人一生所有的運勢關係，也可說是對一個人一生的得失，作為一個蓋棺論定的象徵。

2. 中國人姓名的類型

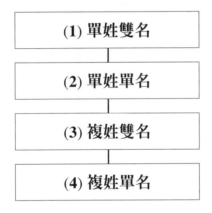

| (1) 單姓雙名 |
| (2) 單姓單名 |
| (3) 複姓雙名 |
| (4) 複姓單名 |

　　一般來說，中國人的姓名可以分成以下四種類型：包括「單姓雙名」、「單姓單名」、「複姓雙名」、「複姓單名」，因為類型的不同，會影響著姓名五格的計算方式，以下為四種範例的介紹。

(1) 單姓雙名

「天格」為名字的第一個字的筆劃加1的總和。

「人格」為姓名第一個字的筆劃加上第二個字筆劃的總和。

「地格」為姓名第二個字的筆劃加上第三個字筆劃的總和。

「總格」為姓名三個字筆劃的總和。

「外格」為姓名最後一個字筆劃加1的總和。

　　如下圖所示：

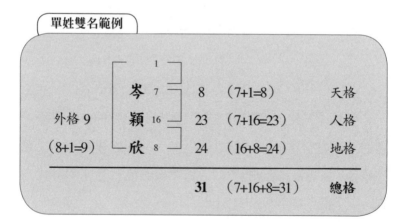

單姓雙名範例

	1		
岑 7	8	（7+1=8）	天格
外格 9 穎 16	23	（7+16=23）	人格
（8+1=9） 欣 8	24	（16+8=24）	地格
	31	（7+16+8=31）	總格

(2) 單姓單名

「天格」為名字的第一個字的筆劃加1的總和。

「人格」為姓名第一個字的筆劃加上第二個字筆劃的總和。

「地格」為姓名第二個字的筆劃加1的總和。

「總格」為姓名兩個字筆劃的總和。

「外格」為1加1的總和（所有只要是單姓單名的姓名，其外
　　　　格全部都是2）。

如下圖所示：

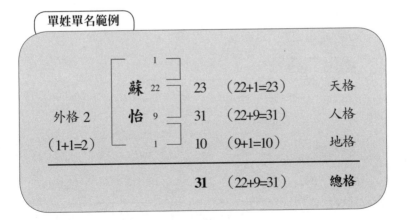

單姓單名範例

	蘇 22	1 23	（22+1=23） 天格
外格 2	怡 9	31	（22+9=31） 人格
（1+1=2）		1 10	（9+1=10） 地格
		31	（22+9=31） **總格**

(3) 複姓雙名

複姓雙名共有四個字。

「天格」為名字的第一個字加上第二個字筆劃的總和。

「人格」為姓名第二個字加上第三個字筆劃的總和。

「地格」為姓名第三個字加上第四個字筆劃的總和。

「總格」為姓名四個字筆劃的總和。

「外格」為姓名第一個字筆劃加上最後一個字筆劃的總和。

（在中國的姓氏中，熟知的複姓除了「歐陽」、「司馬」、「上官」、「諸葛」、「皇甫」、「公孫」等之外，特別要注意的是「范姜」、「張簡」也是複姓。）

如下圖所示：

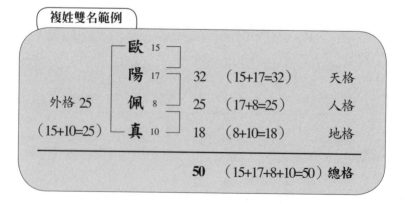

複姓雙名範例

歐 15		
陽 17	32　（15+17=32）	天格
佩 8	25　（17+8=25）	人格
真 10	18　（8+10=18）	地格

外格 25
（15+10=25）

50　（15+17+8+10=50）**總格**

(4) 複姓單名

複姓單名共有三個字。

「天格」為名字的第一個字加上第二個字筆劃的總和。

「人格」為姓名第二個字加上第三個字筆劃的總和。

「地格」為姓名第三個字加1的總和。

「總格」為姓名三個字筆劃的總和。

「外格」為姓名第一個字筆劃加1的總和。

　　如下圖所示：

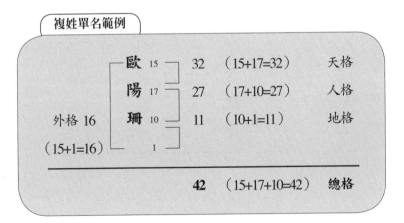

複姓單名範例

	歐 15	32 （15+17=32）	天格
	陽 17	27 （17+10=27）	人格
外格 16	珊 10	11 （10+1=11）	地格
（15+1=16）	1		
		42 （15+17+10=42）	總格

3. 筆劃轉換成五行

　　由上述的運算原則，了解姓名五格的計算方式後，接著就是要將五格所計算出來的筆劃轉換成五行，而五行的訂定方式，是由每格筆劃的「個位數」來決定。每格筆劃個位數1、2為木、個位數3、4為火、個位數5、6為土、個位數7、8為金、個位數9、0為水。

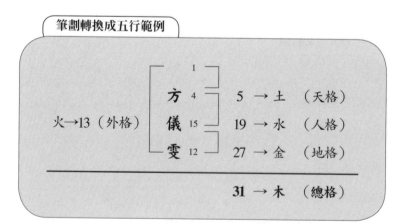

筆劃轉換成五行範例

火→13（外格）

```
      ┌ 1
   方  ┤ 4    5  → 土  （天格）
   儀  ┤ 15   19 → 水  （人格）
   雯  └ 12   27 → 金  （地格）
                31 → 木  （總格）
```

4. 五行生剋關係

　　知道如何將姓名每格的筆劃轉換成五行之後,接著就要熟記五行之間的生剋關係。五行之間生剋不息,相生為吉、相剋為凶!

> 木生火、火生土、土生金、金生水、水生木

> 木剋土、土剋水、水剋火、火剋金、金剋木

　　要熟記五行之間的生剋關係,千萬不要用死背的,其實五行的生剋本就源自於大自然萬物的法則,只要你理解了這些原理,不必死記,就能完全將五行的生剋深深地印在腦海中。

相生：

天氣炎熱，樹木自然容易燃燒，所以「木生火」。

火燃燒後留下的灰燼就是土，所以「火生土」。

土裡可以挖出金礦，所以「土生金」。

金屬放在外面容易凝結水滴，所以「金生水」。

樹木植物必須要有水來灌溉才能生長，所以「水生木」。

相剋：

金屬做的鋸子、斧頭可以用來砍木頭，所以「金剋木」。

而它的刑剋是屬於「傷害」。

樹木在土裡扎根，吸取土的養分，樹木也有水土保持的功能，所以「木剋土」。

它的刑剋是屬於「控制」。

有句成語說「兵來將擋、水來土掩」，所以「土剋水」。

它的刑剋是屬於「吸取」。

失火了就必須用水來撲滅，所以「水剋火」。

它的刑剋是屬於「雙方互相損傷，在過程中會非常的激烈，但最後水還是會贏」。

堅硬鋒利的金屬，必須長時間用火燒來改變它的形體，所以「火剋金」。

而它的刑剋是屬於「火需要長時間來轉化與改變金的形體」。

5. 容易算錯的筆劃

　　要準確算出姓名的格局，名字的筆劃絕對不能算錯！姓名學中，字的筆劃必須依據《康熙字典》。中國字有許多部首的筆劃算法都與我們平時手寫算的不一樣，因此特別找出一般人最容易算錯的筆劃以供參考。切記！在計算姓名的格局時，第一步一定要小心驗算姓名的筆劃。

以部首分類為例：

 (1). 有「艹」的字，是算「艸」的筆劃為六劃，
　　　　例如：范、花、蓮、萍、英、菊、葉、芳、
　　　　芬、蓉等。

 (2). 有「辶」的字，是算「辵」的筆劃為七劃，
　　　　例如：達、遠、進、運、遵等。

 (3). 有「氵」的字，是算「水」的筆劃為四劃，例

如：洪、江、漢、沈、河等。

(4). 有「王」的字，是算「玉」的筆劃為五劃，
例如：琪、琦、珊、瑛、玲、琴、瑟等。但
是如果「王」是用來作為姓氏，就是四劃。

(5). 有「月」的字，是算「肉」的筆劃為六劃，例
如：胡、能、服、育、臘、腸等。

(6). 有「扌」的字，是算「手」的筆劃為四劃，
例如：提、揚、抉、擇等。

(7). 「阝」在左邊的字，是算「阜」的筆劃為八劃
，例如：陽、陳、阮、陸等。

(8). 「阝」在右邊的字，是算「邑」的筆劃為七劃
，例如：郭、鄧、邵、鄒等。

(9). 有「忄」的字，是算「心」的筆劃為四劃，例
如：怡、恬、悅、惇、悟等。

(10). 有「衤」的字，是算「衣」的筆劃為六劃，
例如：衫、袖、裙、褚、裕等。

(11). 有「罒」的字，是算「网」的筆劃為六劃，
例如：羅。

數字的筆劃：

特別要注意的是，「數字」的筆劃，該數字是多少，筆劃就是多少。例如：「四」為四劃、「五」為五劃、「六」為六劃、「七」為七劃、「八」為八劃、「九」為九劃、「十」為十劃。所以「馬英九」的「九」是九劃而非兩劃。

以寫法為例：

五劃：巧、世
六劃：亥、臣、印

七劃：成、延、辰、廷、吳、每、系

八劃：函、亞、武

九劃：飛、泰、韋、革、致

十劃：修、育、馬

十一劃：卿、偉、貫、紫、斌、梅、張、婁、海、敏

十二劃：博、黃、勝、傑、淵、盛、涵

十三劃：路、琴、祿、鼎、虞

十四劃：賓、與、碧、慈、華、鳳、壽

十五劃：廣、寬、趣、樣、黎、興

十六劃：龍、燕、鄉

十七劃：鴻、嶽、聯、懇、燦

十八劃：豐、爵、繡、璧、闕、蕭

十九劃：麗、璿、關

二十劃：瓊、瀚、寶

二十三劃：蘭、顯

二、你究竟適合什麼樣的工作？

二、你究竟適合什麼樣的
工作？

　　社會新鮮人在準備進入職場時，常會不知道自己究竟
適合什麼樣的工作？到底要往哪發展？又有許多已經進入
職場一段時間，在工作上遇到瓶頸的人，也常會問自己，
到底適不適合現在的工作類型？看到別人的工作發展得很
好，也想往那條路試試看，但其實除了興趣之外，你必須
先了解自己的人格特質，才能事半功倍，得心應手。無論
你從事的工作為何，找到適合自己的路，你才能成為一個
職場達人。

　　姓名為一個人的符號，五格筆劃所呈現的數字意涵，

將影響著你的思考邏輯模式、性格與價值觀，同時也影響別人對你的看法，我們可以從每個人姓名的「人格」屬性來檢視一下，自己究竟適合什麼樣的工作。

　　姓名學是古代即有的論述，因應時代的變遷，現今的產業類型發展已經和過去大不相同且複雜度高，而且每個不同的產業都有相同的職務類型，但是不同的產業有不同的五行屬性，不同的職務也有不同的五行屬性，如此交錯起來將會非常複雜，因此我僅以「職務類型」與五行屬性來進行對照，無論在任何產業，只要把握你適合的職務類型即可。

1. 如何計算姓名中的「人格」與判斷其屬性？

「人格」為姓名第一個字加上第二個字的筆劃總和。

五行屬性的判定：

個位數1、2為 木

個位數3、4為 火

個位數5、6為 土

個位數7、8為 金

個位數9、0為 水

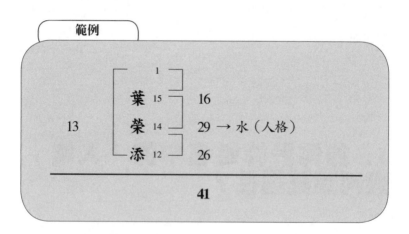

範例

```
            ┌── 1 ──┐
     葉 15 ─┤        16
13   榮 14 ─┤        29 → 水（人格）
     添 12 ─┤        26
```

41

2. 五行不同屬性的特質與適合的工作

木格——善於動腦、搖筆桿

特質：

　　根本之源在於動腦、用心思，是絕佳的企劃人才，凡事都會經過審慎的規劃與計畫，有時想法天馬行空，五花八門，只要你給他一個最終須達成的目標，他就能將眾多且複雜的各式各樣idea進行整合，並能找到一個最確切的方向，而且他不會管過程有多困難，一定會盡全力去完成。

適合的工作：

　　老師、企劃、編劇、作家、編輯、文書、程式設計、都市規劃、廣告文案、記者。

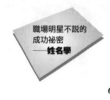
火格——熱情有魅力、使命必達的執行人才

特質：

　　待人熱情活潑，具有獨特的魅力，行動力旺盛，是很好的執行人才，在執行工作時不怕困難，勇往直前，使命必達，其中23、33劃是很好的領袖人才，可以有效率地帶領別人達成任務。

適合的工作：

　　藝人（藝術表演者不在此限）、導遊、工程師、技術操作人員、節目執行製作、電影廣告製片執行。

土格——表達能力強的業務行銷人才

特質：

　　表達能力強、口才佳、擅長溝通，容易與人親近，懂得隱惡揚善，必要時可以拍馬屁，了解他人的需求，能見

人說人話、投其所好。

適合的工作：

業務、行銷、銷售、公關、客服人員。

金格──重規則、一步一腳印的專業技術人才

特質：

凡事強調程序，重視規劃與步驟，細心且不厭其煩，願意執行一再重複的工作，喜歡鑽研，適合技術研究與研發。

適合的工作：

法律人員（律師、司法官、檢察官、書記官）、會計人員、人力資源管理、行政人員、櫃台人員（銀行、郵局、公家機關）、品管人員、倉管人員、保全安管。

水格——善偽裝、易變形，絕佳的領導人才與權威專業人士

特質：

令人覺得有距離感，所以不適合也不喜歡與人接觸，如同水裝在任何容器中，就會變成該形狀，因此水格的人善於學習，凡事講求目的，可以為了目的而變形，善於偽裝成權威，很適合成為專業人士，同時也是很好的領導人才。

適合的工作：

軍人、警察、政治人物、民意代表、SOHO族、顧問。

三、數字的迷思

三、數字的迷思

　　在計算姓名筆劃時不難發現，在歷史上或現今的名人、達官貴人、名商巨賈的名字中，筆劃大凶、五格五行相剋者大有人在，那這些人名所代表的意涵為何？因為每個人都有個別性的差異（包括：八字、手相、面相等其他的影響），所以本章只針對姓名所呈現的性格特質進行剖析，並不以吉凶禍福來論斷。

　　人的姓名分成「天格」、「人格」、「地格」、「外格」、「總格」，每格所計算出的數字再轉化成金、木、水、火、土五行來呈現，而五行是以每格數字的「個位數」來計算（1與2為木、3與4為火、5與6為土、7與8為金、9與0為水），所以並非所有相同屬性的人格特質都是

一樣的。

　　為了讓讀者清楚辨別每一個筆劃所代表的特性，作者特別以「擬物化」的方式來呈現每個筆劃所代表的意義，並清楚解釋每一個筆劃所呈現的人格特質、個性為何。

　　不過，每個人的姓名都有五格，五格之間的配置、刑剋都會產生影響而呈現不同的差異性，因此本章只用概略性的方式來呈現單一數字所產生的特質。

　　由於人的姓名分成「五格」，但是最能呈現一個人的思考邏輯模式、性情、價值觀與人生觀為「人格」（姓名第一個字的筆劃加上第二個字的筆劃），因此請讀者以姓名的「人格」來對照以下五行各筆劃所呈現的特性分析，看看自己與經常相處的親人、朋友、同事、老闆上司與工作上經常往來的對象，其人格是屬於哪個筆劃、哪種特性，知己知彼，了解別人，也了解自己，你將會有許多有趣及意外的發現！

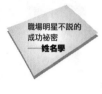
1. 五行各筆劃特質分析

不怕困難、擅長動腦的木行人

木行人可不是像「樹木」給人的感覺，呆呆的不動，他們反而喜歡動腦，擅長用心思，凡事都會經過縝密的規劃與計畫，而且不怕困難，想盡辦法達成目標。

筆劃	代表的意涵	筆劃	代表的意涵
11劃	藤蔓	32劃	蘭花
12劃	含羞草	41劃	竹子
21劃	榕樹	42劃	檳榔樹
22劃	蒲公英	51劃	蘆葦
31劃	檜木	52劃	布袋蓮

11劃——藤 蔓

特質：

外表溫柔、高雅、有氣質，擁有絕佳的交際手腕、人

緣好、與人相處不會給人壓力，善於藏拙與包裝、誇大事實、博取好感而用來唬人，外人通常看不出他的出身較低與弱點，也令人看不出他的野心。

　　通常年輕時比較辛苦或出身比較低微，如果整體姓名配置差，就會顯得為人不切實際、流於表面形式。

　　例如：姓名為「朱玉凡」，人格為11劃屬木，天格剋人格「金剋木」，總格為14劃屬火，這樣的姓名格局即屬於整體姓名配置不佳，上不得長輩緣，下不得親友、伴侶、工作夥伴的幫助，經常付出又得不到回報，加上總格14劃如同「火柴」，會令他生活得很辛苦。

　　11劃的特質如同「藤蔓」必須依附著牆、大樹而生長並往上及左右兩邊攀爬，時間久了就會形成錯綜複雜、面積很大的樹藤，給人很壯觀的印象，但其實他是依附著大型物體而生長，一旦這些牆與大樹倒了，他也會跟著倒塌。別怕！生命力強的他，將會重新找尋新的物體攀爬，東山再起。

地雷：

輕話要重聽！他不發脾氣並不代表他沒脾氣。

人格11劃的名人：

丁柔安、李四端、宗才怡、白冰冰、呂孔維（九孔）、李心潔。

12劃——含羞草

特質：

冷面深沉、多桃花、面貌姣好，意志薄弱、缺乏恆心、自我保護意識很強，但其實內心是悲觀、孤獨的，神經質、思想複雜、易猜疑、鑽牛角尖、自生矛盾，凡事拖拉不乾脆，人不犯我，我不犯人，懂得忍耐。與他相處必須多溝通，小心！他可是很會記仇的。此筆劃的特質如同「含羞草」，雖然用手輕輕一摸，它就會向下垂，但是枝幹帶刺，若主動攻擊，小心被刺傷。

地雷：

勿以言語攻擊他、誤會他又不給他解釋的機會。

人格12劃的名人：

王金平、徐乃麟、方念華、杜正盛、屈中恆、林心如、李永萍、于美人（于耘婕）。

21劃──榕樹

特質：

人生觀多光明面、樂觀、善於計畫但不見得能實現，凡事力求圓滿、好面子、自我要求高、重視形象，對事物較不會追根究柢，常為了維持自己為人正直的一面而表現出強悍的特質；容易當上主管，但不見得能帶得了別人，因為他以為別人都跟他一樣自愛。此筆劃的特質如同「榕樹」，看起來長得非常茂盛、欣欣向榮，給人一種光明的感覺，但扎根不深，只往橫向發展。

地雷：

看不慣不公平的事。

人格21劃的名人：

馬英九、李嘉誠、梁家輝、康晉榮（康康）、楊宗緯、陳可辛、張栢芝、任賢齊、利菁（吳明恩）、黃品源、蔣友柏、黃秋生、唐從聖、賀軍翔、葉全真、周渝民（周育民）、徐若瑄（徐淑娟）。

22劃——蒲公英

特質：

桃花重、女性通常外貌姣好、有特殊氣質，神經質且易神經痛，人生態度不積極、做事溫吞，易受環境及他人的影響。此筆劃的特質如同「蒲公英」，本身就是顆種子，很輕，只要風一吹，它就會移動，目的就是找一個地方落地生根，因此會給人隨遇而安、獨立、若即若離的感

覺，但是他的最終目的不易改變。

地雷：

　　勿隨便招惹他，否則他會黏著你不放。

人格22劃的名人：

　　張曼玉、張國榮、傅娟、唐雅君、林熙蕾、那英、胡婉玲、李慶安、袁詠儀、倪雅倫、任達華、戴立忍、成龍。

31劃──檜木

特質：

　　擇善固執且好強、有責任感、聰明、有些氣勢凌人，好面子、吃軟不吃硬、善惡分明，識時務，很懂得掌握人與人之間的關係與方向，是一個好的領導者，事業易成功；但容易表現過於主觀，有老大心態，身旁常有些跟著

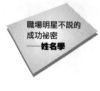
吃吃喝喝的人，表面上好像很吃得開，但實際上常常吃悶
虧。此筆劃的特質如同「檜木」，長得又直又高大，生長
非常慢，一旦長大就會很有力量。

地雷：

因好面子所以最怕別人排擠他，即使並非心甘情願，
也會先履行承諾後，再伺機討回面子。

人格31劃的名人：

蕭敬騰、郭靜純、譚詠麟、潘慧如、黃韻玲、蘇貞
昌、蘇盈貴、李艷秋。

32劃——蘭花

特質：

溫柔體貼、逆來順受、具有書卷氣的文人氣質、甘於
平淡、不會給人壓迫感，有著君子的風骨及不可更動的原

則；但凡事考慮過多、有些囉嗦、有點小氣，認定有價值的東西才會付出。此筆劃的特質如同「蘭花」，有著脫俗傲人的風骨，但蘭花的生長環境有諸多限制，一旦條件不符合，就無法生成。

地雷：

最討厭別人挑戰他的原則！

人格32劃的名人：

嚴凱泰、謝震武、張藝謀、薛聖棻、謝霆鋒、楊麗花、陳道明、曾寶儀、鄭裕玲、廖鎮漢、歐陽龍。

41劃──竹子

特質：

具有學士風範及才氣、帶有藝術的氣息、性情穩定、具有君子的風骨，大將之材、易有成就；就算他做的工作

很卑微，依然擁有自我的格調。

此筆劃的特質如同「竹子」，是君子的象徵，細細長長但節節高升。

地雷：

由於太過於注重別人的感受，而勉強改變自己，千萬不要在他生氣時談任何事情。

人格41劃的名人：

蘇麗媚。

42劃──檳榔樹

特質：

博學多才、才華洋溢、充滿好奇，對任何事物都有興趣；表面上看起來性情穩定，但其實內心經常動盪不安，必須非常專心一致才會有成就，如果姓名格局配置不佳，

易流於輕浮。

此筆劃的特質如同「檳榔樹」，生長得很快，很會吸取養分，但根扎得不深。

地雷：

只要勉強他，就能達到目的。

51劃──蘆葦

特質：

交遊廣闊、喜歡交朋友，但好大喜功、愛掌權，因容易一朝得志而得意忘形，所以常不知何時該下台，進而拖累別人，易大起大落，好壞差距甚大。

此筆劃的特質如同「蘆葦」，很容易快速生長成一大片，也很容易被剷除乾淨。

地雷：

成功時，切記不要親近或逢迎他，因為他會認為你想佔他便宜。

52劃──布袋蓮

特質：

好用心機、善於計謀，在經營人脈時也善用計謀，很容易成功，但是很難到達頂端，因為短視近利，見不得人好。此筆劃的特質如同「布袋蓮」，外表看起來巨大又圓滿，但其實在水流下動盪不安，急於想要向外擴展，佔地盤，是一種被列為破壞環境生態平衡的植物。

地雷：

千萬別跟他比聰明，也別跟他有利益關係。

熱情有魅力、使命必達的火行人

　　火行人如同「火焰」一般，給人熱情、活潑的感覺，同時行動力也相當旺盛，但整體來說，火行人的個性也比較急，特別有脾氣，個性剛強，好面子，注重誠實與真誠。

筆劃	代表的意涵	筆劃	代表的意涵
13劃	霓虹燈	33劃	火山
14劃	火柴	34劃	打火機
23劃	火把	43劃	燭火
24劃	鞭皰	44劃	火藥

13劃——霓虹燈

特質：

　　性格剛中帶柔，具有藝術天分，同樣也帶有藝術家脾氣，性情敏銳、自尊心強、有臭脾氣、不喜歡呆板、一

成不變的事物,善於表現自己。如同光彩閃爍奪目的霓虹燈,總能在人群中展現自己不平凡的氣質。

地雷:

不要跟他耍手段,一旦被他發現,他會比你更世故!

人格13劃的名人:

李安、吳宇森、王建民、沈玉琳、何戎、王怡仁、周玉蔻、侯友宜、汪用和、貝聿銘、侯文詠、何守政。

14劃——火柴

特質:

性格容易衝動、人生路途不穩定、很會抱怨、並且常把煩悶直接表現在臉上,六親緣淺(意為:親人給予的幫助,比較不能接受或得到),愛管閒事但是又管得不好,反而常常惹得一身腥,也常會做一些辛苦但又不被他人

體諒的行為，然而生性卻是一個懂得犧牲自己成就別人的人，就如同「火柴」即使被人利用後即丟棄，依然不會改變初衷。

地雷：

非常希望別人了解他，但又常做出一些令人無法了解的事。

人格14劃的名人：

林百里、呂秀蓮、章小蕙、章子怡、張小燕、吳伯雄、江宏恩、吳君如、王家衛、周守訓、王祖賢、李李仁、伍佰（吳俊霖）。

23劃──火把

特質：

在黑暗中拿著火把的人，通常都是帶頭的人，所以此

數通常也是領袖的好格局；執行力強，給人誠實可靠的感覺，待人熱心又貼心，有事業心、有魄力，對於美的事物具有特別的品味（他的品味不見得是符合一般世俗評判的標準）。

　　無論男女，此數若在姓名的地格（姓名第二個字加第三個字的筆劃總和）中容易晚婚。

地雷：

　　自尊心過強，輸不起！

人格23劃的名人：

　　殷琪、張惠妹、黎明、梁朝偉、張雅琴、曾國城、陳孝萱、趙建銘、盧秀芳、葉宜津、梁詠琪（梁碧芝）、田壘、何篤霖、王識賢、張富、辛曉琪、葉金川、劉青雲、胡婷婷、黃國倫、關之琳（關家慧）、鄭少秋（鄭創世）。

24劃──鞭炮

特質：

　　做事情的要求很高，並且有責任心，少年得志，容易白手起家，但個性上有點小心眼，善於使用手腕心機，凡事處心積慮、計算清楚，就如同「鞭炮」常做出一鳴驚人的表現，只是很可惜的，持續力不強！這類型的人，比較適合專案性的工作，等到一個案子完成後，再重新開始另一個案子。

地雷：

　　易有不明的脾氣爆發，翻臉像翻書！

人格24劃的名人：

　　李遠哲、邱復生、蔣孝嚴、蔡宏圖、邰智源、鄭弘儀、江霞、陳幸妤、藍心湄、夏嘉璐、齊秦、田麗、周錫瑋、孫翠鳳、林曉培、洪榮宏、馮媛甄、倪齊民、羅文嘉、舒淇（林立慧）、鍾呈勻（小鍾）、侯寬仁、周潤

發、徐熙娣、鞏俐、湯唯、陳昇（陳志昇）、黎姿。

33劃──火山

特質：

　　能夠掌握局勢、有大將之風，兼且有過人的膽識，具老大作風、不容易屈服，但是孤傲、欲望大，為人慷慨、不拘小節，脾氣來得快，去得也快，講義氣（通常只是為了講義氣而講義氣）、有江湖味，常會因一意孤行而壞事。

地雷：

　　脾氣一來像火山爆發不可收拾，離他遠一點，否則會玉石俱焚！

人格33劃的名人：

　　趙薇、蕭萬長、蔣勳。

34劃——打火機

特質：

雖然熱心待人，但是這份熱心背後的動機卻常抱有目的；性格有點八卦、交遊廣闊、而且交往朋友遍佈各階層，與朋友的關係常變換，親者疏、疏者親；為人長袖善舞、多鬥爭。

此數一生中容易因選擇錯誤而造成一連串的破敗，很適合從事政治；常自覺委屈、常有時不我予的感慨，如同「打火機」很有用，也很方便，但是人們不見得會珍惜他。

地雷：

在他抱怨時不要隨之起舞，聽聽就好！

人格34劃的名人：

曹蘭、羅嘉良（羅浩良）、鄭進一（鄭俊義）。

43劃——燭火

特質：

　　剛強好面子、聰明反應快、好鬥勇逞強、個性倔強，思想複雜且多慮，容易聰明反被聰明誤，一生辛苦，不適從事競爭起伏大的工作，最好培養一技之長。如同「燭火」，風一吹就熄，即使在黑暗中雖無法綻放很亮的光明，但依然能給人溫暖的感覺。

地雷：

　　一定要留一步給他下台階！

44劃——火藥

特質：

　　脾氣多反覆，讓人不易捉摸到真假，年輕時多挫折，有大成就前一定經歷重重的困難，常能置之死地而後生。

如同「火藥」一樣，爆發性與破壞性很強，如能大難不死，必有大成就。

地雷：

不要對他落井下石！

表達能力強、擅溝通的土行人

　　土行人擅長與人溝通，同時喜歡接近人群，因具交
際手腕，大都擁有好人緣，如同「土」給人的意象，可以
自由的塑形，容易與人相處，也知道見什麼人就該說什麼
話。

筆劃	代表的意涵	筆劃	代表的意涵
15劃	瓷磚	35劃	磚塊
16劃	紙黏土	36劃	石灰
25劃	水泥	45劃	鑽石
26劃	玻璃	46劃	石磨

15劃——瓷磚

特質：

　　外表端莊穩重、聰明有智慧，人緣好，凡事講求圓
滿，行事作風較權威，冷靜有謀略但愛講道理。如同「瓷

磚」，是一種專門用來裝飾、美化地板的材料，既讓外表美麗，又能襯托他人。

地雷：

談話談到一半時，如果他突然不講話，可能你已經莫名其妙地得罪他了。

人格15劃的名人：

王偉忠、林志玲、吳宗憲、吳念真、李昌鈺、李明依、李宗盛、李昂、黃子佼、黃小琥、吳佩慈、林志炫、言承旭（廖洋震）、吳孟達。

16劃──紙黏土

特質：

有文藝氣息與天賦，善良，耳根子軟，吃軟不吃硬，易被他人欺騙，具公關外交能力，處理事情表面很公正，

但實際上又過於主觀。為人處事不會得罪人，難免讓人覺得沒有原則與立場，多了點婆婆媽媽。如同「紙黏土」，只要有雙巧手，就能讓他順服地成為美麗的藝術品。他的可塑性非常強。

地雷：

他答應的事，還是要多叮嚀，因為他不易承認錯誤。

人格16劃的名人：

周杰倫、王鈞、徐旭東、林依晨、王晶、林青霞、吳彥祖、張本渝、范可欽、張玉嬿、李玟（李美琳）、倪匡（倪亦明）、胡瓜（胡自雄）。

25劃——水泥

特質：

桃花重，性格上高傲不服輸、愛面子，能言善道、

具有交際手腕、勢利眼（任何事情都是以自身利益為出發點）。

在工作表現上很想出頭，如果姓名格局配置佳即很容易出頭；反之，會讓人覺得討厭，並表現得很強勢。

（由於25劃本身就是個吉數，所以即便姓名中有木剋土，影響也不大，因此難以舉例姓名配置好與不好的差別。）

25劃如同「水泥」，凡事一定做得很漂亮，很會粉飾太平，報喜不報憂，至於實情如何，馬虎過關就好了！懂得偽善掩飾，是個業務高手。

地雷：

他說的話，聽一半就好！

人格25劃的名人：

蔡依林、楊登魁、張榮華、張菲（張彥明）、蔡明亮、李濤、陳昭榮、謝長廷、林憶蓮、陳美鳳、蔡岳勳、

張鳳書、陳思璇、范瑋琪、張韶涵、鄭伊健、柳翰雅、陳冠希、劉真、陳致中、吳鎮宇（吳志強）、戴忠仁。

26劃——玻璃

特質：

有特殊才藝的奇格，外表剛硬，內心沉悶，略帶神經質，桃花重但可惜大多是爛桃花，也因為不擅常處理感情，常常搞不清楚自己是否喜歡對方。

性格上，是個好的軍師，他的建議往往很受用，但剛開始跟這個人相處時，會讓人覺得他如同「玻璃」般很漂亮、很吸引人，令人想親近他，一旦時間久了，卻會使人產生煩膩。做事比較沒有計畫與概念，但創作方面則是他的強項。

地雷：

受不得別人的批評！

人格26劃的名人：

　　孫燕姿、鄭秀文、黃嘉千、澎恰恰（彭樟燦）、陳剛信、陳純甄、黃瑜嫻（小嫻）、蕭亞軒、連勝文、孫道存、劉若英。

35劃——磚塊

特質：

　　外柔內剛，很有韌性，給人舒服的感覺，對常態規則性事務很會處理，是一個平安安穩的數。進可攻，退可守，在事業上很容易滿足現狀，所以少有大格局出現，如果是男人就會容易顯得囉嗦。「磚塊」必須一塊塊地砌才能形成一面牆，所以經過長時間的累積，並專心一致，還是可以成就大事。

地雷：

　　不要叫他幫你分析事情！

人格35劃的名人：

鍾鎮濤、關穎（陳品穎）、關錦鵬、梅艷芳。

36劃——石灰

特質：

個性剛強，內心多勞苦、不穩定，易破財，有同情心，好管閒事，在處理事情上很被動，凡事等待機會。如同「石灰」要加上水才能產生熱能與凝固，即需要外力的轉化與介入才能成就事情。

地雷：

有俠客性格，對於自己遭到不公平的對待，一定會出面討回公道。

人格36劃的名人：

蘇嘉全。

45劃——鑽石

特質：

穩重圓滿、名利雙收，讓人有安全感，為人忠厚、聰明、有毅力，很能適應環境，善為人排解紛爭，常能一眼看出事物的重點，此數如同「鑽石」，令人覺得既有價值又珍貴。

地雷：

擺出楚楚可憐的樣子，博取他的同情，就可以達到目的。

46劃——石磨

特質：

做事缺乏恆心與動力，需要人推，容易身體不好，和別人不易和樂相處，愛計較、嘴硬，是非多，早年易離鄉

背井（遠離出生地），應多學習專業技能，必須多努力，像石磨一樣辛苦才行。

地雷：

很容易被人利用！

凡事重規則、固執的金行人

如同金屬又硬又冷，所以金行人通常都有固執、自私的特質，比較不好溝通，也不喜與人溝通，有些筆劃甚至給人「銳利」的感覺，也因為固執的特質，金行人凡事重視規則與步驟。

筆劃	代表的意涵	筆劃	代表的意涵
7劃	針	28劃	銅
8劃	箭	37劃	鐵尺
17劃	釘子	38劃	鐵絲
18劃	刀	47劃	劍
27劃	金幣	48劃	銅像

7劃——針

特質：

從外表較看不出他的剛強、固執，其實意志力很強、

說到做到，但易欠缺思考，明知道很勉強的事也執意要去做。在職場上適合打前鋒，老闆對於這樣的人須有耐性，因他有責任感，但又常出狀況，要人家善後。

地雷：

他說的事或規定的事，千萬不要挑戰他！

8劃──箭

特質：

剛強、果決、固執，自我本位主義強，不喜歡別人管他的事，但他喜歡管別人的事，脾氣倔強，很容易被激怒，處事宛如「箭」，不達到目標、不等到力氣用盡，絕不會停止前進，但這也是他成功的因素。

地雷：

不要想勸他或改變他！

人格**8**劃的名人：

王文洋、天心（吳天心）、王仁甫、方文山、王文華、包小松、包小柏、丁守中、方文琳（陳美玲）。

17劃——釘子

特質：

是一個外剛內柔，固執不聽勸、霸道，做任何事情之前，一定都會做準備的人，如果其人的名字格局配置不佳，在遇到事情對自身利益有衝突時，處事則可能會變得陰險；威嚴、且具有研究精神，很會批評別人，如同釘子釘木頭，且得理不饒人。想改變他必須要在他還沒做決定之前。

地雷：

不要跟他爭辯！

人格17劃的名人：

　　林重謨、沈春華、詹仁雄、施明德、莫文蔚、周星馳、林宥嘉、費玉清（張彥亭）、段宜康、許安進、洪秀柱、林韋君、侯佩岑、張宇（張博翔）、李家同、金城武。

18劃──*刀*

特質：

　　真小人（因為自己有本事所以不怕得罪別人），好面子、嘴巴硬、擇善固執，雖然自私，但他的自私是屬於「大我」，也就是說，如果你跟他是一國的，他就會保護你，將你的利益也考慮進去，所以有時也會護短；容易意氣用事，通常中年以後經過社會磨練，處事會比較圓融；辦事效率高，事業有長遠發展。要改變他，必須先讓他服氣。

地雷：

　　重承諾、一板一眼。做不到的事，千萬不要答應他。

人格18劃的名人：

　　李敖、趙少康、王菲、胡志強、吳若權、郭子乾、侯冠群、辜仲諒、周迅、唐季禮、柯俊雄、季芹、林書煒、孫協志、房祖名、白歆惠、洪宜卉（洪曉蕾）、賈永婕、高金素梅、牛爾、伊能靜。

27劃——金幣

特質：

　　自以為很帥、自戀、自視甚高、喜新厭舊，桃花重（如同金幣一樣，引起別人爭奪的欲望），有領導欲，個性率直，處事看似胸有成竹，但其實內心通常沒有把握，喜怒差異大。姓名的外格、地格若配置不佳，較容易有負面的桃花。

地雷：

　　他「喜」的時候可以多要一點，他「怒」的時候記得

離他遠一點！

人格27劃的名人：

黎智英、胡錦濤、張學友、羅志祥、謝祖武、蘇永康、郭富城、璩美鳳、蕭美琴、范曉萱、廖筱君、曹錦輝、曹興誠、陳海茵、潘若迪、辜寬敏、邱毅、庾澄慶。

28劃——銅

特質：

心情常起伏不定，有疑心病、善猜疑，囉嗦、愛管閒事；外表令人覺得很有吸引力，但又常讓人覺得就是缺了一點價值，如同「銅」的顏色像金，會讓人誤以為像金那麼有價值。

地雷：

不要被他的外表所騙了！

人格28劃的名人：

　　蔡康永、陶喆（陶緒忠）、陶晶瑩、陳雅琳、邵曉鈴、嚴長壽、蘇有朋、管碧玲、林懷民。

37劃——鐵尺

特質：

　　看人的第一眼就先看到別人的缺點，對他人的要求很高，自訂一套行事標準，如同一把尺，用來衡量所有的人，但是這把尺並不見得適用於自己，也就是「嚴以律人，寬以待己」。凡事很愛講道理與規則，個性專制、不受人管束，有責任感、很雞婆。很適合做品管、稽核的工作。

地雷：

　　最恨別人騙他！

人格37劃的名人：蘇逸洪、蕭薔（蕭秀霞）。

38劃——鐵 絲

特質：

意志稍嫌薄弱，六親緣薄（親友給的不一定會接受或得到），做事較無計畫、沒主見、缺乏恆心，無形之中會給人莫名的壓力，一遇到挫折易產生偏激的手段。若專注一件事，如同「鐵絲」纏繞一樣，會有所成就。

地雷：

如果不如他意，他寧可什麼都不要！

47劃——劍

特質：

有遠見、有能力，行事果斷、豪爽，有名士的風味，

就如同佩劍的君子，心慈好施、聰明、志氣高，就算姓名格局配置不佳，也只會表現出疏懶、隨便、不求甚解。（例如：姓名格局中，天格對人格、外格對人格、人格對總格，其中一項產生「火剋金」，或者每一格都生總格，金就會變得太多，因為所有人都幫他，使得他凡事得來太容易，就會變得疏懶。）

地雷：

感情豐富的他，有時會出現讓你大吃一驚的情緒反應！

48劃——銅像

特質：

為人如同標竿、表率，是一個權威、有主見、有毅力的人，才智兼備，好為人師，喜歡人家請教他。也通常是別人羨慕的對象，往往會不自覺地養成一種興趣或是嗜

好，但通常無傷大雅。

地雷：

最討厭別人說長道短。

善偽裝、易變形的水行人

水行人如同水，沒有固定的形體，它可以取決於放在哪種容器就變哪種形狀。

顧名思義，所以水行人通常也是「目的」取向的，也就是說：他可以因為要達到哪種目的，而讓自己變成哪種形狀。水行人是五行之中，偽裝性、變形性、適應性最強的一種。通常會給人「距離」感，是最好的領袖格局！在商場上，有許多水行人，皆因為他們可以為了目的而變得又狠又市儈。

筆劃	代表的意涵	筆劃	代表的意涵
9劃	下水道	30劃	湖水
10劃	雨水	39劃	海浪
19劃	水溝	40劃	泉水
20劃	洪水	49劃	自來水
29劃	瀑布	50劃	水庫

9劃——下水道

特質：

　　有小聰明、個性強硬，人生起伏大，愛耍小聰明、暗地玩手段，不過常聰明反被聰明誤，容易讓人討厭，但又是很厲害的人。

地雷：

　　他對你笑，並非他欣賞你！

人格9劃的名人：

　　王令麟、王永慶、王世堅、古天樂。

10劃——雨水

特質：

　　個性悲觀、人生態度不積極、遇到挫折容易退縮、無主見、人云亦云，處事經常事倍功半，因此給人悲苦、飄

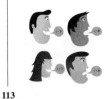

盪不安定的感覺。如同「雨水」給人不舒服、陰暗、沒有希望的感受。

地雷：

千萬不要隨便叫他去死，他可能會真的自殺！

人格10劃的名人：

朱木炎、林又立、李小龍（李振藩）。

19劃——水溝

特質：

對事物的認知比較複雜，人生不安定，性格上容易不安於現狀，是一個善變、為求目的不擇手段，甚至不惜傷害別人的人。常想一步登天，但也能夠在逆境中成就事業。用「水溝」形容，如同污水流動的地方，裡面藏污納垢。

地雷：

千萬不要得罪他！

人格19劃的名人：

金庸（查良鏞）、曾志偉、張艾嘉、陸小芬、陳小春、林若亞、賴士葆、吳淡如、李晶玉、吳淑珍、吳敦義、李登輝、楊丞琳、吳尊（吳吉尊）、庹宗康。

20劃——洪水

特質：

外強中乾，個性有些鬱悶，容易自我傷害，易有血光，但往往能大難不死而成大器，通常很博得別人的同情。此數如同「洪水」，當它氾濫成災時，破壞力、影響力又強又全面性。

地雷：

平時多放點人情給他，以備不時之需。

人格20劃的名人：

　　郭台銘、陳水扁、陳文茜、宋楚瑜、張俊雄、沈富雄、施振榮、許信良、朱鳳芝、張信哲、鈕承澤、翁家明、施寄青、杜琪峰、孫芸芸。

29劃——*瀑布*

特質：

　　善變、大男人、是非觀念較不清楚，有想法就會馬上做（如果姓名格局配置佳，這就是成功的動力，例如：人格21劃配總格29劃、人格29劃配總格37劃、人格29劃配地格18劃），自以為很講義氣，但並非理性、善猜忌、脾氣不好，愛之欲其生，恨之欲其死。此數為首領格，但必須要有才能的人拱他才行。

地雷：

　　善變是他的特色，你一定要習慣！

人格29劃的名人：

　　游錫堃、葉菊蘭、狄鶯（林妙嬉）、孫鵬、葛福鴻、廖輝英、劉嘉玲、陳詩欣。

30劃──湖 水

特質：

　　像湖水一樣，只要有風或落葉，就會掀起陣陣漣漪。決定任何事，內心多有猶豫，對人慷慨、有勇無謀，如姓名格局配置佳（例如：總格配上39劃、47劃、48劃），就如同高山上的湖泊充滿動能，有成大事業的格局；反之，就如下游的湖泊，湖中的水將往四處流走，無法累積能量。

地雷：

　　他很快答應的事，不一定能實現！

人格30劃的名人：

　　郝龍斌、劉德華、陳菊、連戰、蕭淑慎、歐漢聲、聶雲、郭瑤琪、徐懷鈺（徐曉春）、蔡琴、蔡詩萍。

39劃──*海浪*

特質：

　　權威、有領導的能力、有膽識、具魄力，行事光明磊落、敢做敢當、不逞英雄，聰明豪爽，又不會取不義之財，是最好的領袖格局，此數為所有水格中最好的數。如同「海浪」一樣動力很強，且日復一日，不達到目的絕不罷休。

地雷：

　　可以利用他的責任感來激勵他，與他相處時最好表現你積極的一面。

40劃——泉水

特質：

　　具有特殊才能、喜歡新奇事物、愛發明，適合製造業，雖然如同「泉水」般，源源不絕地冒出來，但是沒有方向，如果有好的「水溝」引導，就會有所成就。

地雷：

　　刀子嘴，豆腐心！

49劃——自來水

特質：

　　勞心、多憂慮，被動、常不能自制，人生目標較不明確，就像「水龍頭」必須要有人開啓，水才會流出來。

地雷：

　　對他說話別拐彎抹角，很多事不點不亮，要說明白，

他才會懂。

50劃——水庫

特質：

　　外表穩定、內心充滿不安、膽小怕事，但識時務。如同「水庫」一樣，須經過長時間的蓄水才能累積能量，但無論儲存多少能量，最後還是得洩洪，所以與他相處必須捉準「洩洪」的時間點，也就是說當他在你下面時，是可以委曲求全，等待機會。不過水庫洩洪之外，還是可以灌溉或發電，所以只要你跟他交好，還是有好處的。

地雷：

　　他對你好，並不代表真的好。

　　部分藝人、作家都有藝名或筆名，例如：張菲的本名
叫「張彥明」、舒淇的本名叫「林立慧」，因此在分析他
們的人格特質時，最好連同藝名（筆名）與本名的人格一
起看，這也是為什麼有些名人在台上與台下的行為與個性
不同。以胡瓜的名字來舉例：

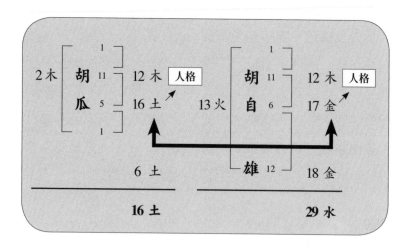

　　「胡瓜」的人格為16劃土，在螢幕上總給人活潑、有
趣、幽默、聰明、反應快，凡事不太跟人計較，是一個帶
給別人快樂的人；但他的本名「胡自雄」，人格17劃、地

格18劃都屬金,其實真正的他很愛面子,而且在乎別人怎麼看他。長期以來生活在節目收視壓力與照顧家人的壓力之下,胡瓜有經常性失眠,尤其之前歷經詐賭、大麻等事件時,更是顯現出煩惱、憂慮的狀況,這與他平時給人的螢幕形象是完全不同的。

　　以本名「胡自雄」來看,人格生總格(金生水),所以胡瓜很早就對自己有自信,知道自己要的是什麼,因此事業成功得有些強求。藝名「胡瓜」取得很好,人格與總格都是16劃,如同紙黏土,可塑性很強,具公關外交能力,不會隨便得罪人。

2. 關係不同，判別方式也不同

　　姓名分成五格，每格代表的意義也不同，因此在判別
與身邊人相處的方式時，要特別注意他與你的關係為何。

(1)別人是怎麼看我的？

　　想知道別人是怎麼看你的，首先先從自己的名字判
斷，包括自己的人格屬性，接著再看「外格」與「地格」
的生剋關係。了解自己之後，接著再看你與某人的關係，
從兩人的「人格」生剋關係，來剖析彼此到底合不合，該
如何相處。

　　從自己的名字判斷：先看「人格」屬性，再看「外格
對地格」的生剋關係。

　　例如：你的名字叫「方展博」

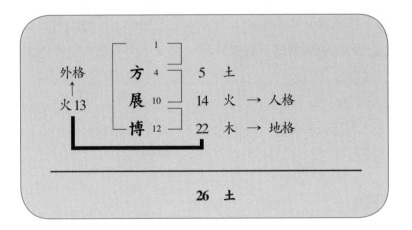

外格
↑
火 13

方 ┌ 1 ┐
　 4 ┤ 5 　土
展 └ 10 ┤ 14 　火 → 人格
博 └ 12 ┤ 22 　木 → 地格

26 土

　　方展博的「人格」為14劃屬火，此人性格易衝動、很會抱怨，常把煩悶表現在臉上，愛管閒事但又管不好，因此常惹得一身腥，做一些辛苦但又不被人體諒的行為，然而生性懂得犧牲自己，成就別人，就如同「火柴」，即使被人利用後隨即丟棄，也不會改變初衷。

　　再看他的「外格」與「地格」的關係，「外格」13劃是屬於強火，此人身處的環境是很不錯的，人緣也很好；「地格」22劃，別人看他常覺得他少根筋，有點神經質、人來瘋，而他的「地格」屬木生「外格」的屬火，因此

他會經常想要表現自己，對別人也很熱心，不過他常做白工，因為他總是搞不清楚狀況，盡做一些不符合別人需求的事情。

如想知道某個人對你的看法：看對方姓名的「人格」與你姓名「人格」的生剋關係

你的名字叫「唐至安」，同事的名字叫「霍希賢」。

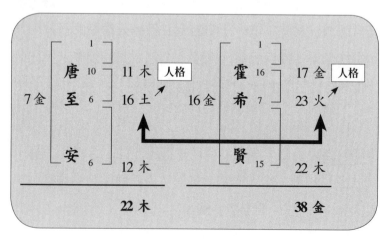

唐至安的「人格」16劃屬土，同事霍希賢的「人格」23劃屬火，霍希賢的「人格」生唐至安的「人格」（火生土），因此在相處上，霍希賢是付出的一方，唐至安經常得到霍希賢的幫助，但是唐至安不見得會照單全收，他會懂得取捨霍希賢給他的幫助。

　　由於霍希賢的總格剋唐至安的總格（金剋木），所以常會用「碎碎唸」來呈現對唐至安的關心。雖然霍希賢的出發點是為了唐至安好，但是唐至安總覺得霍希賢會給他無形的壓力。

(2)你與上司的關係

　　想知道你與上司的關係到底如何？首先先從自己的名字判斷，看「天格」與「人格」的生剋關係（以後無論你遇到的上司是誰，都可以先由自己的名字知道，你與長上的關係常態會是什麼情形），接著再看上司姓名中「人格」與「地格」的生剋關係（由此可知你的上司，跟下屬相處的常態情形）；接著再看你與上司的姓名其「人格」

的生剋關係，如此才能比較精準地剖析你與上司到底合不合，該如何相處。

從自己的名字判斷：天格與人格的生剋關係

你的名字叫「唐姿禮」。

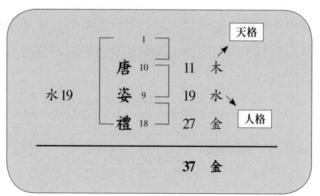

唐姿禮的「人格」為19劃屬水，天格11劃屬木，「人格」生「天格」（水生木），無論他遇到的上司是誰，勢必都會對上司盡忠並盡力地幫助上司，因為「水生木」的相生關係是自然而然的。

從上司的名字判斷：人格與地格的生剋關係

 你的上司名字叫「程嘉鳴」。

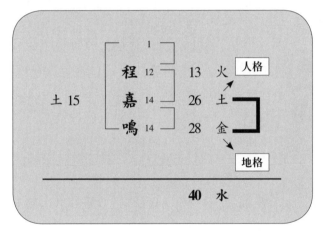

　　如果你的上司是「程嘉鳴」，其「人格」生「地格」（土生金），雖然是「人格」生「地格」的關係，但一般而言，此人應該會對下屬不錯，但由於（土生金）的關係，要看土願不願意生金，也就是說，他不見得對每個下屬都很好，要看他覺得你值不值得，甚至他對下屬好，可

能會基於某種利益。

你姓名的人格與上司姓名人格的生剋關係

 你的名字為「唐姿禮」,上司的名字為「程嘉鳴」。

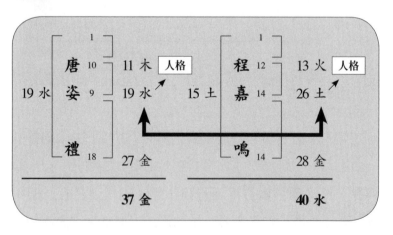

唐姿禮的「人格」為19劃屬水,程嘉鳴的「人格」為

26劃屬土，程嘉鳴的「人格」剋唐姿禮的「人格」（土剋
水），「唐姿禮」對「程嘉鳴」一點辦法都沒有，只有聽
命於他的份，因為「土剋水」的刑剋是屬於土將水完全吸
收；加上唐姿禮的人格生天格（水生木），面對程嘉鳴這
樣的上司，自然會對他盡心盡力。

(3)你與同事的關係

　　想知道你與同事的關係到底如何。首先先從自己的名
字判斷，看「人格」與「外格」的生剋關係（以後無論你
遇到的同事是誰，都可以先由自己的名字知道，你與同事
的關係常態會是什麼情形）；接著再看你與同事的姓名其
「人格」的生剋關係，如此才能比較精準地剖析你與同事
到底合不合，該如何相處。

　　從自己的名字判斷：人格與外格的生剋關係

你的名字叫「岑穎欣」。

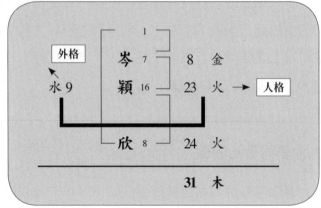

　　岑穎欣的「人格」為23劃屬火，人格特質非常明顯，是一個自我觀念很重，並且有話直說的人；「外格」為9劃屬水，「外格」剋「人格」（水剋火），因此無論他遇到的同事是誰，都很容易與人起摩擦，而且他完全不在乎別人怎麼看他，怎麼說他。

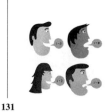

同事姓名的人格與你姓名人格的生剋關係

 你的名字叫「岑穎欣」，同事的名字叫「葉榮添」。

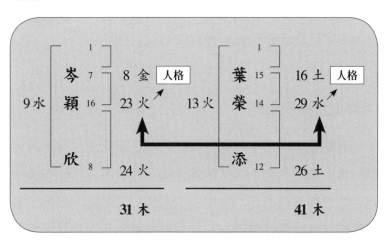

岑穎欣的「人格」為23劃屬火，葉榮添的「人格」為29劃屬水；葉榮添的「人格」剋岑穎欣的「人格」（水剋火），因此兩人在相處的過程中，總是爭吵不斷，而且

非常地激烈，尤其岑穎欣是一個非常自我的人，外格剋人格（水剋火），所以他平時與人相處，就容易與人產生摩擦，並且完全不在意別人怎麼說他，而葉榮添是人格剋外格（水剋火），也容易與人產生摩擦，因此兩人在相處的過程中，必定爭執不斷，而在爭執的過程中，感覺上好像是屬火的岑穎欣比較佔上風，但是最後的結果，岑穎欣還是不免要對葉榮添委曲求全，因為終究是水剋火。

(4)你與下屬的關係

　　想知道你與下屬的關係到底如何。首先先從自己的名字判斷，看「人格」與「地格」的生剋關係（以後無論你遇到的下屬是誰，都可以先由自己的名字知道，你與下屬的關係常態會是什麼情形）；然後再看下屬姓名「人格」與「天格」的生剋關係（無論遇到的上司是誰，都可以知道他與上司相處的常態情形）；最後再看你與下屬的姓名其「人格」的生剋關係，如此才能比較精準地剖析你與下屬到底合不合，該如何相處。

從自己的名字判斷：人格與地格的生剋關係

你的名字叫「方進新」。

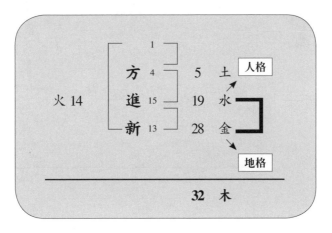

　　方進新的「人格」為19劃屬水，對事物的認知比較複雜，善變並善用手段。「地格」生「人格」（金生水），在他的觀念中認為，下屬就是要幫他，並且要聽他的話。如能為他所用的人（符合他的利益與目的），他就會認為你是一個好下屬。

從下屬的名字判斷：人格與天格的關係

下屬的名字叫「蘇怡」。

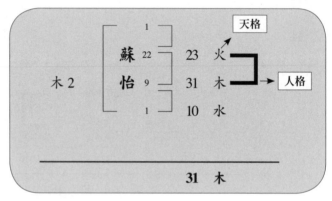

　　蘇怡的「人格」為31劃屬木，為人聰明，有責任感，善惡分明，識時務，很懂得掌握人與人之間的關係。「人格」生「天格」（木生火），木遇到火就會自然燃燒，所以他在職場面對上司一定是鞠躬盡瘁，是一個很好的下屬。

下屬姓名的人格與你姓名人格的生剋關係

Q 你的名字叫「方進新」，下屬的名字叫「蘇怡」。

A

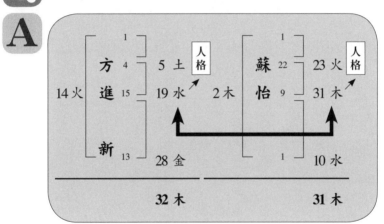

方進新的「人格」為19劃屬水，蘇怡的「人格」為31劃屬木，方進新的「人格」生蘇怡的「人格」（水生木）。「水生木」是自然而然的相生關係，表面上方進新會幫助蘇怡，但事實上他是懂得使用手段，讓蘇怡來達成

他的要求，加上蘇怡的人格生天格（木生火），遇到方進
新這樣的上司，他只會成為一個做牛做馬的阿信。

3. 這些人你一定要認識他

(1) 喜歡被人拍馬屁

*31*劃（檜木）：通常肚子有料，也對自己有自信，所以你拍他馬屁，他會覺得你識貨啦！

---

*33*劃（火山）：通常有大將之風，也有老大作風，所以你拍他馬屁，他會覺得自己很有面子。

(2)不喜歡被人拍馬屁

*10*劃（雨水）：性格悲觀、遇到挫折容易退縮，又缺乏主見，如果你拍他馬屁，悲觀的性格馬上浮現，他會認為你不是真的稱讚他，而且會認為自己配不上你的讚美。

*50*劃（水庫）：內心常充滿不安、膽小怕事、識時務，懂得委曲求全等待機會，有時他對你好並非真心，所以如果你對他拍馬屁，他會認為你想佔他便宜。

（3）搏感情就能搞定他

*23*劃（火把）：是很好的領袖，通常都是在黑暗中拿著火把帶頭的人，給人誠實可靠的感覺，待人熱誠又貼心。如果你跟他交心搏感情，他會覺得你是自己人，一定跟你情義相挺到底。

（4）樂於稱讚別人

*25*劃（水泥）：能言善道、具有交際手腕，報喜不報憂，很會粉飾太平。通常他說的話，聽一半就好，他們很喜歡稱讚別人，因為稱讚別人是一種習慣，而且不會有損失，又不用花力氣。

（5）吝於稱讚別人

17 劃（釘子）：此數的特質，固執不聽勸、霸道，很會批評別人，也會得理不饒人。通常他們很吝於稱讚別人，除了自我主觀意識強烈，他們會認為你好是應該的，不用被稱讚。

（6）愛貪小便宜

18 劃（刀）：為人比較自私，通常不夠大器，凡事出發點還是以「利己」為原則。別人給好處時，很敢拿！（代表人物：和珅）

----

25 劃（水泥）：將貪小便宜視為一種交際手段，人家要給他東西時，常會顯現出「推推拉拉」的樣子。雖然會貪小便宜，但是該付出時還是會付出。

（7）膽小怕事

*16*劃（紙黏土）：為人不喜歡與人對立，凡事也不喜歡惹麻煩，所以盡量不去惹事。

---

*30*劃（湖水）：處事都會以最安全的狀況為原則，所以天生就膽小怕事。

（8）愛挑毛病

*37*劃（鐵尺）：自訂一套處事的標準來衡量別人，如同一把鐵尺，凡事都先看到缺點。

（9）一出口就傷人

*17*劃（釘子）：喜歡批評別人，也會得理不饒人，並吝於稱讚別人，因此常顯得尖酸刻薄。

---

*40*劃（泉水）：刀子嘴，豆腐心，其實內心不見得想傷人，但是一出口常讓人覺得不舒服。

（10）憂柔寡斷

*35*劃（磚塊）：常把事情想得太複雜而變得憂柔寡斷，所以千萬不要叫他幫你分析事情，因為會把你的思緒搞得更複雜。

*38*劃（鐵絲）：自我要求高，凡事都想處處討好，並想做到完美，因此而變得下不了決定。

*26*劃（玻璃）：在感情上特別憂柔寡斷，因為他一遇到感情問題就沒轍，所以常會出現腳踏兩條船，不知如何抉擇的狀況。

（11）沒肩膀

*29*劃（瀑布）：善變是他的特色，處事常以「目的論」。認為「領導哲學」有時就是要推卸責任。

---

*10*劃（雨水）：天生個性悲觀，人生態度不積極，遇到挫折容易退縮，也較無主見，所以根本沒有能力承擔責任。

（12）死不認錯

*7*劃（針）：固執且意志力強，處事常欠缺思考，明知道很勉強的事也會執意去做，常出狀況要人家善後。

---

*12*劃（含羞草）：愛面子。做錯事時怕面子掛不住，所以死不認錯。

（13）見不得人好

*25*劃（水泥）：能言善道、愛面子、凡事都以自身的利益考量為出發點，所以有時看到人家好時，會說話像酸葡萄。

---

*24*劃（鞭炮）：做事要求高，有點小心眼，凡事處心積慮、計算清楚，所以很怕別人贏過他。

（14）龜毛

*38*劃（鐵絲）：因凡事要求完美，所以變得龜毛！

（15）牆頭草

*16*劃（紙黏土）：怕惹麻煩，誰都不想得罪，有時像牆頭草，令人覺得沒原則。

（16）愛八卦

*34*劃（打火機）：交遊廣闊、朋友遍佈各階層，很愛抱怨、愛八卦，視八卦為一種聚集他人眼光的方式或是為了某些目的。

四、改名的迷思

1. 為何要改名？

常有人要我幫他看名字，並非是叫我幫他分析整體姓名格局，以便更了解自己，反而是劈頭就問我：「我是不是應該要改名字？」

或是當聽到自己名字上有缺點時，也認為自己要改名字！大部分的人會想要改名，原因不外乎這幾項：「感情不順」、「婚姻不睦」、「財運不佳」、「升職總輪不到我」、「大病、小病常常來」等等。

但是這幾項卻不是改了名字就能達到目的的，因為能否達到以上這些所求的事情，其實跟每個人的八字有很大的關係。有的時候一時之間的不順利，只是因為行運流年的關係，並非改了名字就會好，所以千萬不要隨便改名字。

2. 名字要怎麼改？

　　改名字並不是重新取一個名字，而是新的名字必須跟原來的名字相生或者改善原來名字的缺點、弱點，如果不可避免要用到相剋時，也必須考慮將傷害減到最低。不過凡事都有特例，如果一個人的八字結構刑煞很重，有時反而在名字上用「破格」（例如：19、20劃）能成就大格局，但是最好不要輕易使用。

3. 改名的成功案例

　　星座專家唐立淇，原本的名字為唐雅君，她就是我改名成功一個很好的案例。為何我將她的名字由唐雅君改成唐立淇？

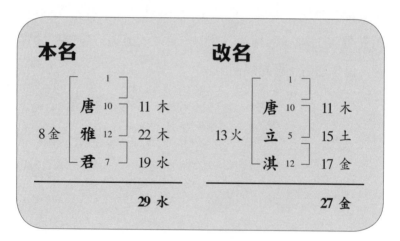

本名

8 金	唐 10	1	11 木
	雅 12	22 木	
	君 7	19 水	

29 水

改名

13 火	唐 10	1	11 木
	立 5	15 土	
	淇 12	17 金	

27 金

　　原本的名字「唐雅君」在鏡頭前，雖然也是充滿笑容，講的話也是很有自信、很有條理，但是總格「29」

劃，屬水的那分霸氣在臉上顯露無遺：「我就是星座專家，我講的話信不信隨便你！」所以容易令觀眾產生距離感。

改名之後的總格為「27」劃屬金，由於27劃金生29劃水（金生水），無形中增加很多桃花的特質（觀眾緣）。人格改成「15」劃屬土，也是一個桃花的筆劃，雖說與原本名字的人格「22」劃木相剋，但是在所有形剋中，「木剋土」的影響最輕，影響的情況屬於「控制」；地格改成「17」劃金，此筆劃可以讓她的事業表現，增加更多的專業性，並且與原來名字地格「19」劃水相生，使整個姓名格局呈現了人格生地格、地格生總格。

在名字的字形、字義上，「立」先讓她出頭，表示有很多工作機會上門，「淇」的部首為「水」，水代表財，而右邊的「其」有地基之意，讓她賺的錢可以守得住。在名字的字音上，唐立淇唸起來比較順口，最後一個「淇」字是往上揚的音，可使她聲名遠播。

　　在改名為唐立淇之後，我仔細觀察過，唐立淇在鏡頭前比改名前增加了更多親和力以及觀眾緣，雖然她講話的內容跟以前還是一樣有自信、有調理，但是給人的感覺卻比較舒服！

　　但是要特別強調的是，唐立淇在改名之後，並非每天坐在家裡等機會上門，她幾乎上遍了所有命理節目，甚至賣精油的節目也上，也就是在那一次，她被知名製作人看到，而開始在「開運鑑定團」嶄露頭角直到今天，所以唐立淇改名的案例證明了改名只是幫助，最重要還是自己的努力與爭取機會。

　　除了唐立淇以外，其實還有許多藝人的名字也都不是本名。

　　藝人改藝名，除了要取一個好記又響亮的名字外，最重要的是，要改一個對演藝事業有幫助的名字，其中小天后蔡依林，就是改名非常成功的一個案例。

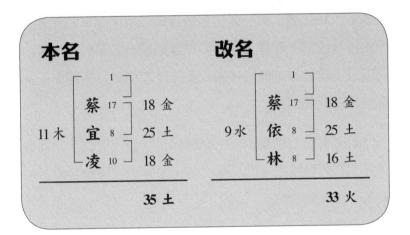

本名			改名		
	蔡 17	⌐1 18 金		蔡 17	⌐1 18 金
11 木	宜 8	25 土	9 水	依 8	25 土
	凌 10	18 金		林 8	16 土
		35 土			33 火

　蔡依林的人格「25」劃屬土，此筆劃很適合當藝人，因此數有很多桃花（觀眾緣）。

　本名蔡宜凌的地格為「18」劃屬金，雖然此數會讓她很努力地在藝人的專業上表現，但是會讓她跟觀眾有距離感，因此改為蔡依林後，地格變成「16」劃，屬土，幫助她增加桃花及觀眾緣。

　藝名與本名的地格為「土生金」，這會使得蔡依林在藝人的專業上不斷精進，並且增加親和力。唯一的缺點就

是地格「16」劃，會使她的感情易有波折，而本名蔡宜凌的總格為「35」劃屬土，此數會讓她缺少企圖心，凡事容易滿足，但是改為蔡依林後，總格變成「33」劃屬火，則讓她對事業具備衝勁。

而從生肖上來看，蔡依林屬猴，「依」這個字如同猴子穿上衣服變成人，而「林」字，則象徵猴子爬到樹上，會在人群中顯得突出。

4. 改名的失敗案例

　　有人改名成功，也有人改名失敗，如果改了不對的名字，影響可是很大的。我提供以下的案例，希望讀者引以為戒，千萬不要輕易改名。

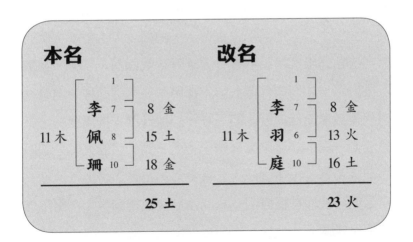

　　以上這個案例是我曾經接觸過的，花了兩萬多元，由「李佩珊」改為「李羽庭」，她是62年次，生肖屬牛，幫

她改名的老師說，「佩」字的部首雖有人字旁，在字義有「披彩衣」之意，但是會被人牽著走，而她的生肖屬牛，在古代牛是被人拿來祭祀的三牲之一，注定要成為犧牲的對象；而「珊」字，就好像牛被關在柵欄之中，永遠被人牽制，在事業上不會有發展。

　　在改名為李羽庭之後，此人變得鬱鬱寡歡，老是鑽牛角尖，雖然改的名字與原來的名字在格局上是相生的，人格「火生土」、地格「土生金」、總格「火生土」，但並非如改名的老師所說的會變得更好。我認為，「佩」字加上生肖牛，如同古代披上彩衣被用來祭祀的三牲，但是在古代會被拿來作為祭祀的三牲，卻是經過千挑萬選的，不是隨便一頭牛就可以拿來祭祀，而「佩」字的人字旁如同牛被人牽著走，這個「人」其實可喻為貴人，另外「珊」字如同牛被關在柵欄中。試問牛被關在柵欄中，不用工作不是很好嗎？

　　依照李佩珊的家人所說，在未改名字前，她的個性一向隨心所欲、任性，別人都必須配合她，這樣生活不是很

愉快嗎？新名字的「羽」字對牛來說，一點用處都沒有，牛要翅膀做什麼？反而會覺得飛不起來，難怪會變得愛鑽牛角尖，因此最後我建議她，還是將名字改為原來的李佩珊，反而比較適合她。

所以，改名並非如同字面上的解釋，或者是格局間相生即可。如果用以上案例中斷章取義的方法來解釋，改名不但沒有預期的效果，反而造成不良的影響。

附錄

百家姓字劃數參考表

二劃：丁、力、刀、刁、卜、乃

三劃：于、干、女、士、子、千、大、弓、山

四劃：孔、戈、毛、方、巴、勾、任、牛、水、尤、文、尹、元、支、公、仇

五劃：王、丘、包、冉、古、石、井、平、左、皮、甘、田、申、台、史、司、白、由、永、印

六劃：匡、朱、吉、年、同、朴、米、羊、安、曲、西、
臣、任、伍、吉、牟、衣、多、成、伊

七劃：冷、利、岑、巫、何、成、宋、完、孚、呂、吳、
李、谷、江、池、杜、束、車、兵、貝、辛

八劃：周、沙、明、於、東、易、岳、武、果、屈、季、
官、金、房、林、汪、沈、艾、狄、卓、來、宗、
孟、尚

九劃：哈、秦、姚、南、姜、保、俞、侯、柯、柳、柴、
段、計、風、宣、封、帥、韋、紀、查、施、禹

十劃：孫、唐、容、師、留、晏、時、徐、栗、晁、恭、
烏、花、祖、秦、袁、高、洪、倪、席、凌、宮、
殷、晉、奚、馬、祝、翁、耿、涂

十一劃：康、張、畢、常、梅、海、乾、參、區、商、
國、崔、戚、刑、那、苗、范、符、胡、麥、
鹿、曹、英、許、梁、章、婁、海、粘、尉、
寇、庚

十二劃：彭、屠、曾、費、荊、盛、童、辜、邱、邵、
阮、馮、黃、黑、雲、項、焦、傅、程、賀、
邰、祁、單、喬、甯、舒、堯、欽、斐、覃

十三劃：楊、楚、游、楚、雷、塗、靳、莊、莫、詹、
解、賈、裘、路、湯、郁

十四劃：華、廖、熊、甄、裴、趙、連、溫、齊、郝、
翟、滕、榮、管、端、聞、銀、寧、壽、賓、
臺、郜、褚、鳳

十五劃：樂、童、郭、墨、黎、劉、葉、歐、萬、葛、樓、談、厲、樊、練、鞏、魯、標

十六劃：衛、陳、陸、霍、賴、龍、陶、潘、盧、錢、駱、穆、鄂、閻、鮑

十七劃：蔡、蔣、韓、鄒、鄔、謝、鍾、謝、應、繆、陽、隋、勵、翼、戴

十八劃：魏、簡、蕭、顏、闕、儲、聶、豐、鄞、董、璩、瞧

十九劃：龐、鄧、關、薄、鄭、薛、譚、譙

二十劃：竇、繼、羅、嚴、藍、鐘、闞、釋、爐

二十一劃：顧、饒、鐵、續

二十二劃：藺、蘇、龔、邊

二十三劃：蘭、欒、顯

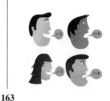

標準文字筆劃數快查表

一劃：一、乙

二劃：二、刀、丁、乃、了、人、入、力、匕、卜、又、
几

三劃：三、口、刃、子、丸、已、土、士、山、己、久、
乞、也、于、凡、千、丈、囗、夕、大、女、小、
川、工、巾、干、弓、寸、下、上、万

四劃：四、木、壬、王、孔、水、仇、午、太、心、日、曰、月、火、仃、丹、丑、牛、犬、不、中、之、支、斗、予、云、元、互、井、亢、方、文、卞、仁、化、仍、允、內、切、介、切、今、公、分、勿、勻、勾、四、升、友、及、反、天、夫、父、母、以、少、尤、尹、幻、引、戶、屯、巴、尺、牙、手、止、比、毛、戈、片、斤、氏、欠、爪

五劃：五、申、白、甲、本、禾、末、未、世、丘、冬、北、玉、永、正、包、仙、出、丙、生、田、由、石、右、可、古、司、史、台、民、巨、目、代、左、布、市、玄、立、必、幼、他、代、功、加、巧、甘、示、刊、印、用、付、仗、兄、占、句、只、召、外、央、尼、且、皿、冊、穴、平、半、弘、弗、瓦、用、皮、矛、矢、奴、奶、斥、氐、令、它、札、丕、叶、卯、札、瓜、仔、孕、叮、旦、戊、圢

六劃：六、朱、西、百、如、年、弛、任、仲、休、件、
伏、伙、伊、伍、仳、份、仿、伉、伐、伎、伶、
伀、仰、佣、每、成、好、妃、奸、妀、因、而、
色、曲、臣、匠、同、亦、充、沖、汁、兆、共、
各、合、向、后、名、多、交、吏、宇、安、守、
宅、州、帆、式、戎、收、曳、此、羽、地、吐、
在、圭、吉、寺、羊、老、考、至、再、先、光、
旭、旨、氽、旬、行、灰、存、字、竹、朴、朵、
米、衣、打、扑、扔、扒、危、冰、次、舟、自、
企、亥、朽、囝、孖、兇、肖、屹、牟、庄、戍、
圳、圮、圩、丟、刑、列、刔、劦、死、夙、而、
肉、血、舌、白、匡、囫、吊、吁、吋、吃、回、
聿、舛、犯、匆

七劃：七、辛、呂、李、杜、余、宋、江、岑、谷、何、
巫、兌、赤、伯、伸、杉、材、希、宏、完、局、
序、延、妍、杖、利、秀、更、杏、束、冶、冷、

汝、池、求、孜、孚、孝、廷、呈、妊、佟、志、
忍、忘、究、但、町、彤、究、均、坊、妞、壯、
男、坐、位、估、佐、作、伺、低、伴、佛、伶、
妨、好、奴、忙、我、步、甫、良、見、言、足、
豆、貝、身、托、系、亨、君、吾、克、兵、吟、
劭、弟、形、役、攸、戒、攻、更、卯、困、私、
呆、床、杆、杠、枫、孛、汞、灼、盯、災、灸、
旱、町、坑、圻、坎、址、坻、坅、坉、坋、岐、
岍、岥、岰、岭、岼、芥、哞、灶、佚、伻、佝、
佈、佀、佁、佷、佨、伽、妓、妧、忏、忖、呇、
劬、匣、串、吞、剆、判、告、呎、吸、吹、吵、
坠、罕、尾

八劃： 八、林、金、艾、狄、卓、宗、岳、季、孟、武、
沈、庚、沙、果、柏、板、和、竺、委、沅、沖、
汾、汶、明、昕、盼、朋、服、京、宗、忠、念、
昆、昂、昌、佶、侍、住、味、妹、岱、幸、坤、

杰、沐、有、忡、依、佩、妮、姍、抒、牧、欣、
直、弦、宛、宓、宜、空、官、定、府、尚、居、
知、侖、長、來、承、奇、表、奉、受、兒、兩、
其、具、典、效、協、帕、杭、松、宙、沁、佼、
侃、使、技、物、初、於、征、彼、岡、固、例、
版、所、些、卷、取、免、刷、刺、殺、命、者、
並、事、枘、杯、枚、析、枋、枕、杼、牀、伽、
佹、姒、始、姑、吞、抵、房、芳、糾、洗、汭、
汽、汰、沘、沂、汸、汧、沚、炇、炕、炒、昉、
盰、昹、肌、刖、忞、忽、佯、佺、卦、姓、妯、
宕、岢、岦、圻、坷、坭、坪、枏、芊、呆、杳、
汙、兔、汩、沓、岬、岶、者、坦、者、弄、住、
岠、快、忪、忮、忼、忱、侈、佻、臥、帖、弨、
夜、穹、店、弩、或、帛、枝

竿、竽、芃、芊、癸、泳、河、況、沼、治、姝、
勃、炤、炟、映、昨、約、紆、怕、紅、亭、亮、
音、南、思、昭、城、垠、玟、玫、型、室、拓、
界、故、封、柚、秋、香、法、厚、星、旺、泉、
信、俊、促、怜、招、祈、姻、咪、後、律、則、
勁、勇、品、契、威、姿、客、爰、帝、度、建、
彥、拜、省、眉、奕、宦、冠、奐、美、卻、虹、
貞、面、革、風、飛、首、羿、政、盈、禹、盃、
為、制、勉、拍、庠、柑、枸、柵、柏、柿、枷、
种、芍、芒、苊、籵、枲、泓、泯、沾、泱、泙、
沴、沼、俘、炬、炸、炯、炳、炫、炮、炱、軌、
紈、峙、峒、峻、砂、砒、性、禺、畏、故、枉、
柘、芏、泥、油、泡、沬、沰、泩、籽、肚、炭、
岨、峋、峽、垁、坦、垛、俠、俙、俅、侶、侵、
便、侶、俟、俑、怩、怔、怛、恨、哄、食、剋、
孤、咸、哉、幽、甚、看、穿、突、耐、波、泊、
泠、致

十劃：原、柴、凌、海、洪、孫、馬、夏、倪、祝、唐、
宮、容、高、翁、殷、秦、袁、留、栗、奚、烏、
臬、剴、神、針、倖、根、桃、栩、笑、芹、花、
芝、芳、芙、芬、芷、芸、洲、津、洗、洞、派、
洛、洳、航、庭、衍、時、股、軒、借、宴、庫、
恩、息、指、晉、晏、晃、晁、峨、玻、玳、珈、
珝、玲、珂、珊、珍、耘、桂、柱、桓、芯、純、
娟、紐、珀、皇、倚、俱、候、修、倍、倫、恆、
恬、祐、祠、祝、祖、衿、訓、討、託、唔、卿、
益、效、旅、剛、家、倉、展、師、席、恭、貢、
真、窈、耽、虔、財、素、乘、青、姬、倡、校、
格、棋、桐、桁、秤、租、芥、笋、冤、洌、洺、
洙、洮、浂、舫、袟、殊、烜、烙、炯、肱、肺、
肥、肪、倬、恣、恕、恙、埋、埔、峙、砥、破、
砲、畔、畝、玹、耕、釘、配、核、株、桎、枸、
栖、桔、桁、秣、洼、洭、染、烑、紝、珋、倨、
借、值、恫、袚、祚、袚、挌、拾、唆、差、剖、
哥、旁、衷、眠、蚊、矩、鬼、狩、豹、索、翅、

拳、瓶、迂、秩、峽、峪、峻、峰、珏

十一劃： 梅、涂、畢、張、區、商、康、麥、常、戚、
那、邢、崔、曹、符、許、梁、章、婁、粘、
范、釧、悅、敏、寅、彬、梭、梧、答、第、
符、笙、茄、茉、苓、英、苑、苔、苗、笛、
浩、浚、涉、浮、浦、浪、流、雪、舶、魚、
琮、悖、乾、烽、偲、晞、晚、停、婚、曼、
辰、晃、庶、悠、鳥、培、埼、崎、珮、珩、
崑、略、野、基、堅、悄、悄、細、紬、紳、
珠、珣、崧、婌、健、側、偵、得、紗、桃、
紹、組、婉、婕、娩、參、問、國、寄、閉、
寇、寂、鹿、庸、翌、處、架、貨、規、近、
晦、尉、將、專、爽、彗、毫、眷、祭、翊、
架、哲、勒、眾、帶、偉、參、從、狼、釣、
邪、宿、皎、釩、彬、梳、械、梗、梓、梯、
根、移、梠、苟、苴、苡、苙、涌、浴、淙、

浿、涇、浥、浤、涅、浠、終、舷、舸、焌、

焓、焐、胚、胞、胖、胎、婵、唱、悉、煮、

埩、埈、埠、堆、堀、埴、崆、崍、崢、珝、

珧、珞、珓、琪、畦、動、釬、桴、梓、栓、

棖、椎、犁、茂、埜、粕、絭、涔、浬、涑、

涗、絀、絃、紵、眺、販、埮、埻、琛、埼、

崞、崹、累、胃、羿、徘、悛、悕、悟、絆、

絤、設、仿、狹、救、敘、敕、敗、斜、捕、

勘、毬、袋、頃、鵲、阡、邪、邦、圊、焉、

悛、婄、婦、婔、啟、教、敖、欲、強、務、

笠、斌

十二劃：堯、彭、屠、欽、曾、斐、買、費、荊、虞、

覃、盛、童、粟、幸、邱、邵、阮、馮、黃、

黑、雲、項、焦、傅、程、賀、邰、祁、單、

喬、甯、舒、欽、均、鈜、尊、皖、皓、弼、

森、棋、棧、植、棕、椅、稀、策、答、筑、

筒、等、筆、草、茶、茹、茨、荔、荊、茗、
寒、涪、涴、淶、涪、淵、淑、淳、淨、淺、
淇、淙、添、涵、雾、雺、雯、惇、敦、象、
焙、焜、晶、晰、軸、軻、閒、景、智、暑、
普、場、堤、媚、硯、班、珺、球、現、理、
琉、琪、琅、凱、喜、報、堡、鈕、椁、棹、
棍、棚、悸、茜、荏、莓、茱、間、傑、涼、
淩、混、淞、淅、深、淋、淖、淡、涯、洧、
渚、淘、絲、絞、絕、統、絡、婾、琇、羨、
備、倩、復、悰、惋、惟、授、捷、棒、阪、
阮、邱、邵、捨、捲、視、幀、幃、詒、證、
詔、評、詠、媛、媚、創、博、善、寓、尋、
幾、扉、敢、斐、斯、發、登、疏、竣、貴、
貿、開、閔、項、須、順、量、迪、絜、鈔、
銃、鈍、鈉、鈴、鈃、迫、椄、棓、探、椎、
棱、稂、筏、荒、茸、棻、淪、淌、淀、濟、
淼、孱、猛、焱、焩、焯、脈、胴、脇、脂、
軫、軼、軺、馭、悼、悾、最、堙、堪、嶕、

硬、珽、鈦、錐、梃、稅、荐、芫、焚、粧、
悶、裁、涎、淄、涯、絧、絖、給、綺、絓、
堰、培、瑜、碑、掃、阱、邸、評、割、窗、
欺、短、瞬、貼、斛、圍、無、剩

十三劃： 塗、楊、楚、游、雷、靳、農、莊、莫、詹、
解、虞、賈、裘、路、湯、郁、鉑、鉛、鈴、
楣、楓、稚、茶、莉、蒡、莞、荷、莖、港、
測、渡、湄、渙、湧、滋、零、霙、暉、煖、
煜、煥、輝、暄、意、感、愚、想、慈、會、
煦、照、嫠、詢、詣、載、琦、琮、琲、琪、
琤、琱、註、詩、詳、嵩、僅、勤、鈺、鈾、
鈿、筠、節、湘、淳、湳、渲、湜、湖、渝、
煙、睦、署、琳、琛、琰、琨、傲、御、祺、
裕、媛、熔、試、新、雍、殿、督、監、號、
蜀、嗇、資、郊、阿、頌、頒、預、欽、飭、
飯、鼎、業、裝、嗣、圓、奧、廉、愛、毓、

耶、誨、望、鈦、鉬、鉿、鉈、鈮、鉉、鉦、
鈞、鉗、猶、猴、楨、楸、椿、楫、楹、樟、
湛、湃、渺、渫、渴、渼、渢、湞、澆、艇、
健、暇、煁、暗、暖、塘、嵤、塘、碇、碑、
催、鉮、鉻、椤、楠、楟、楥、楎、榆、稜、
湫、渥、渾、煤、煒、琥、傾、傳、傭、衙、
嫌、跡、蜂、蛾、肅、退、雉、頓

十四劃：廖、熊、甄、臺、華、裴、趙、連、郎、溫、
郝、齊、翟、滕、部、榮、管、端、聞、銀、
寧、賓、壽、話、銘、說、誠、榛、榕、槐、
構、菊、菜、菩、萊、菱、萃、菀、菲、菘、
棻、溫、溪、源、準、溶、滄、溏、滔、溥、
豪、福、輕、輔、彰、熒、塽、碩、瑙、瑗、
瑋、瑤、瑢、瑞、瑛、斑、琶、琵、琴、愧、
綾、褙、暢、榴、著、莎、清、溢、溧、潮、
晴、勝、煌、綽、緒、綿、綾、綺、綄、綱、

綵、緱、境、琿、瑄、瑚、瑜、匯、僑、像、
情、愫、搖、禎、獅、誥、誌、旖、旗、嫦、
嫙、娜、蜜、察、寬、實、對、與、聚、詔、
裳、貌、數、散、歌、郡、颯、造、速、緊、
兢、團、圖、爾、監、熙、舞、銃、鉥、鈷、
鉻、銚、銦、鈴、弒、鉑、榶、榑、槙、萱、
菽、箇、溝、滇、艋、閣、熔、熇、俯、嫚、
嫜、惈、愿、墥、磁、愷、緇、僖、僥、鞋、
鋯、錸、銓、銚、銕、酵、樕、槵、槍、樧、
稍、萌、菖、菼、茎、箐、筵、媷、滉、滑、
漆、湟、潝、滏、溯、誖、輇、緃、緄、綏、
綰、綪、禠、睡、睽、墁、嶂、愷、惶、慎、
種、稫、搬、稈、誠、誏、喻、嫪、嫌、嫣、
賑、郗、緐、逑、嘗、罰、菓

椿、樞、樣、積、稼、稽、稻、稿、葡、蒂、
葳、蕁、凜、演、漢、滯、滴、滿、漾、漩、
滲、漓、溥、淒、濂、霆、穎、輬、輗、輪、
駒、駙、駈、駘、駛、瑭、瑢、瑤、瑱、嬈、
嬉、廣、審、瑰、摧、樟、蔡、蓏、葶、蒽、
萱、敬、萩、萍、募、菠、荷、葫、範、逸、
逖、閱、漳、漕、漸、漫、震、逵、逞、進、
郛、諄、瑩、緣、緦、緫、增、嶙、瑪、琛、
臻、碧、歓、儂、儀、愉、慷、慣、禩、褌、
調、諒、論、諍、誕、嬋、嬌、嬉、嶕、綬、
緩、線、締、編、緯、緞、蝦、劇、劍、彈、
慶、歎、毅、盤、衛、賢、賞、賣、賦、部、
院、鞍、養、豎、翩、踦、愈、慮、誓、盡、
獎

十六劃：衛、陳、陸、霍、賴、龍、陶、潘、盧、錢、
　　　　駱、穆、鄂、閣、鮑、鍐、鎮、鍈、鋼、錦、

錚、錠、撐、諧、機、橘、橫、橋、樹、樽、
橙、橡、樸、橄、檬、樑、翁、蓍、蒼、蓁、
蓆、蓉、蒿、潔、澄、潯、漸、潵、潰、潭、
澐、儒、學、遊、霓、霏、雲、熾、燃、駮、
駒、駱、憬、撫、儘、暻、燐、壚、嶼、磡、
瑛、瑾、璃、璁、徵、衡、奮、端、錕、錙、
錫、鉬、醒、醍、穗、橄、橈、樴、蒔、蓀、
蓄、蒨、皇、篤、曆、潼、澆、達、澽、澔、
濛、漪、澍、澎、潮、霖、霍、冀、燉、曉、
瞳、曒、燊、熹、駐、縉、緻、繰、縡、諰、
雲、璋、叡、嘯、壎、壇、嬡、諼、縝、縊、
縛、鄉、繁、縣、諱、諶、諮、諺、謀、撲、
憚、裕、鄖、頤、頭、頤、親、頰、勳、默、
黔、道、運、遑、遇、豫、園、舉、翩、融、
義、器、戰、整、聯、蝗、鍋、錮、鋸、錐、
錛、鍊、錧、道、榔、檟、檮、褯、菔、潺、
潑、噴、湏、潤、漸、燈、輯、駢、駣、璆、
儔、銅、鍺、錭、蒐、潧、潩、濮、潤、駭、

縑、縭、諤、幨、陰、窺、興

十七劃： 蔡、蔣、韓、鄒、鄔、謝、鍾、謝、應、繆、
陽、隋、勵、翼、鎖、鍋、鍰、鎂、鍛、鍬、
鍊、椰、檢、檣、檀、檥、蔚、蓮、將、蔬、
簇、激、濃、澱、鴻、澮、澳、潞、澹、澖、
澴、澰、遜、霞、孺、憶、燦、燭、燠、燭、
曖、曦、騁、駿、輾、陽、憶、懇、聰、璞、
璜、璘、璃、璣、璐、嶺、嶽、擇、隆、隅、
禧、趨、鍉、檡、檜、模、蔓、慕、暮、蒲、
懋、罷、遞、澤、澡、潤、澧、霙、霜、霈、
嬬、燥、轅、縵、績、嫿、繂、爵、璟、牆、
遠、遛、遙、優、償、擁、擅、隊、階、禪、
講、謙、謚、謠、嬪、繪、總、績、縱、縷、
縹、館、餞、瞬、購、賽、齋、襄、闊、闌、
獨、臨、爺、蹈、黛、點、屬、鍗、鍏、鍵、
鎡、鍍、鍘、醣、橋、檻、檐、橚、燴、曙、

磺、礄、鍇、鍠、穖、稺、蒩、儲、隃、稹、
諲、嫺、繀、謬、縮、瞪、斂、黜、虧

十八劃：魏、簡、蕭、顏、戴、闔、儲、聶、豐、鄞、
董、璩、眰、鎮、鎔、鎬、醫、覆、檻、檳、
穠、糧、蕬、簣、蕎、蕃、簹、簨、諾、濠、
濕、濡、濟、濱、澶、濬、適、騎、騏、轉、
嬣、繐、織、繚、題、違、環、璦、謹、翹、
繙、壘、槤、檮、蕙、蕊、蕉、蕓、馥、濰、
濤、漣、濯、濘、燾、燻、轉、騅、隍、謂、
諭、靛、璨、環、瑯、璧、禮、蟬、歸、瞿、
蟲、闖、斷、額、繕、雙、叢、鎖、鎘、鎵、
雞、擠、檬、櫃、蕨、簞、簧、澤、濩、濫、
膳、膌、鞤、鞘、繒、幬、蟠、觀、顬、鎦、
鍠、錆、銷、櫂、檸、覆、葷、謷、璪、繞、
謬、瞻、雜、隕、隔、繙、蟜、繐、遭、鞭、
脾

十九劃：龐、鄧、關、薄、鄭、薛、譚、譙、鏤、鍛、
鏹、鏾、鏑、鏢、鏞、遵、願、辭、繳、鑒、
櫟、櫊、穩、薔、蓡、簷、簫、簾、譯、繹、
繰、遺、霧、霸、臆、轎、脣、鵲、譜、識、
鄲、壢、璸、璹、璿、疇、禱、歠、壐、擷、
疆、繮、禧、嬈、趬、蟯、蹯、鄯、鏗、鏡、
臂、薈、蕾、薇、薏、擎、選、瀆、瀅、襶、
霙、曠、曄、戀、繪、繯、繡、璿、璉、邊、
遷、懂、襖、鄙、鄰、際、遼、遵、遷、導、
蟻、蹼、譏、證、離、難、類、顛、麒、贊、
覺、簽、繫、翾、麗、獵、鏒、鏂、鏴、蕗、
膽、臉、輈、譖、壚、擴、鏝、鏢、鏜、櫝、
蕩、瀏、瀋、鯪、爍、勵、韜、癡

二十劃：寶、繼、羅、嚴、藍、鐘、闞、釋、爐、鱗、
鐙、鐏、譬、櫬、舊、藏、薄、籃、瀧、瀨、
還、邂、遽、曦、曨、騷、懸、黨、鵑、壤、

壞、瓊、瑻、觸、攏、鎁、鐎、鏸、櫳、釋、
薰、藉、蓮、蓬、鄴、謨、獲、瀝、擾、懷、
獻、競、覺、觸、闡、孃、孀、謙、議、黥、
避、飄

二十一劃：顧、饒、鐵、續、鐶、鐲、鏽、鍰、辯、闢、
櫻、欄、藝、藥、饌、蝶、譁、瀰、瀾、露、
驃、驄、轟、鶯、鶴、騫、顥、瓏、寵、巍、
禱、躍、寶、鐸、鐿、穫、藕、霹、驊、儷、
攘、譽、覽、險、隮、黯、纊、魔、屬

二十二劃：藺、蘇、龔、邊、鑑、鏈、鑒、權、穰、蔭、
蘋、勸、藩、藤、籃、籟、朧、騰、驍、嚮、
贏、巒、廓、瓖、瓔、讀、籠、躒、攝、襯、
邁、贖、懼、懿、隱、饃、蕫、藹、蘊

二十三劃：蘭、欒、顯、鑛、蘿、藻、麟、灘、瀟、霸、

驗、體、巖、纓、戀、聽、鎖、鑢、鑝、欐、

欑、籛、澧、鱔、鱗、驛、轣、讌、鑠、襪

二十四劃：鑫、歡、鑵、鑪、釀、籬、羈、灌、靈、靂、

靄、驊、贛、隴、瓚、讓、豔、衢、鷺、鬢、

酆、驟、欘、闈、鑊

寶瓶文化事業有限公司
地址：台北市110信義區基隆路一段180號8樓
電話：(02) 27463955
傳真：(02) 27495**剔撥帳號：19446403
※如需掛號請另加郵資40元

寶瓶文化叢書目錄

系列	書號	書名	作者	定價
Enjoy 搶先給你最嗆、最in的生活資訊	E001	夏禕的上海菜	夏禕	NT$229
	E002	黑皮書──逆境中的快樂處方	時台明	NT$200
	E003	告別經痛	吳珮琪	NT$119
	E004	平胸拜拜	吳珮琪	NT$119
	E005	擺脫豬腦袋──42個讓頭腦飛躍的妙點子	于東輝	NT$200
	E006	預約富有的愛情	劉憶如	NT$190
	E007	一拍搞定──金拍銀拍完全戰勝手冊	聯合報資深財經作者群	NT$200
	E008	打造資優小富翁	蔣雅淇	NT$230
	E009	你的北京學姊	崔慈芬	NT$200
	E010	星座慾望城市	唐立淇	NT$220
	E011	目擊流行	孫正華	NT$210
	E012	八減一大於八──大肥貓的生活意見	于東輝	NT$200
	E013	都是愛情惹的禍	湯靜慈	NT$199
	E014	邱維濤的英文集中贏	邱維濤	NT$250
	E015	快樂不怕命來磨	高愛倫	NT$200
	E016	孩子，我要你比我有更有錢途	劉憶如	NT$220
	E017	一反天下無難事	于東輝	NT$200
	E018	Yes，I do──律師、醫師與教授給你的結婚企劃書	現代婦女基金會	NT$200
	E019	給過去、現在、未來的科學小飛俠	鍾志鵬	NT$250
	E020	30歲以前拯救肌膚大作戰──最Hito的藥妝保養概念	邱琬婷	NT$250
	E021	擺脫豬腦袋2	于東輝	NT$200
	E022	給過去、現在、未來的科學小飛俠（修訂版）	鍾志鵬	NT$250
	E023	36計搞定金龜婿	方穎	NT$250
	E024	我不要一個人睡！	蘇珊・夏洛斯伯 莊靖譯	NT$250
	E025	睡叫也能瘦！──不思議的蜂蜜減肥法	麥克・麥克尼等 王秀婷譯	NT$250
	E026	瘋妹不要不要仆街	我媽叫我不要理她	NT$230
	E027	跟著專家買房子	張欣民	NT$270
	E028	趙老大玩露營	趙慕嵩	NT$250
	E029	化妝品達人LESSON1──品牌沒有告訴你的事	張麗卿	NT$300
	E030	化妝品達人LESSON2──保養品和你想的不一樣	張麗卿	NT$320
	E031	鄰居太太出沒，請注意！	趙老大	NT$250
呆呆日記		呆呆日記1 太多的祕密不能說	吉姆・班頓 彭倩文譯	NT$230

有詩、有小說、有散文

給你新的視野，也給你成功的典範

國家圖書館預行編目資料

職場明星不說的成功祕密：姓名學／袁來
著. -- 初版. -- 臺北市：寶瓶文化, 2008.01
　　面；　公分. --(enjoy；32)

ISBN 978-986-6745-19-5(平裝)
1. 姓名學
293.3　　　　　　　　　　96026124

enjoy 032

職場明星不說的成功祕密——姓名學

作者／袁來　文字整理／羅生門

發行人／張寶琴
社長兼總編輯／朱亞君
主編／張純玲
編輯／羅時清
外文主編／簡伊玲
美術主編／林慧雯
校對／張純玲・陳佩伶・余素維・袁來・羅生門
企劃主任／蘇靜玲
業務經理／盧金城
財務主任／歐素琪　業務助理／林裕翔
出版者／寶瓶文化事業有限公司
地址／台北市 110 信義區基隆路一段 180 號 8 樓
電話／(02) 27463955　傳真／(02) 27495072
郵政劃撥／19446403　寶瓶文化事業有限公司
印刷廠／世和印製企業有限公司
總經銷／大和書報圖書股份有限公司　電話／(02) 89902588
地址／台北縣五股工業區五工五路 2 號　傳真／(02) 22997900
E-mail／aquarius@udngroup.com
版權所有・翻印必究
法律顧問／理律法律事務所陳長文律師、蔣大中律師
如有破損或裝訂錯誤，請寄回本公司更換
著作完成日期／二〇〇七年十一月
初版一刷日期／二〇〇八年一月
初版二刷日期／二〇〇八年一月二十三日
ISBN／978-986-6745-19-5
定價／二二〇元

愛書人卡

感謝您熱心的為我們填寫，
對您的意見，我們會認真的加以參考，
希望寶瓶文化推出的每一本書，都能得到您的肯定與永遠的支持。

系列：E032　書名：職場明星不說的成功祕密 —— 姓名學

1. 姓名：＿＿＿＿＿＿＿＿　性別：□男　□女

2. 生日：＿＿＿年＿＿＿月＿＿＿日

3. 教育程度：□大學以上　□大學　□專科　□高中、高職　□高中職以下

4. 職業：＿＿＿＿＿＿＿

5. 聯絡地址：＿＿＿＿＿＿＿＿＿＿＿＿＿＿＿＿＿＿＿＿＿＿＿

　　聯絡電話：(日)＿＿＿＿＿＿＿＿(夜)＿＿＿＿＿＿＿＿＿

　　　　　　　(手機)＿＿＿＿＿＿＿＿＿

6. E-mail信箱：＿＿＿＿＿＿＿＿＿＿＿＿＿＿＿

7. 購買日期：＿＿＿年＿＿＿月＿＿＿日

8. 您得知本書的管道：□報紙／雜誌　□電視／電台　□親友介紹　□逛書店　□網路
　　□傳單／海報　□廣告　□其他

9. 您在哪裡買到本書：□書店，店名＿＿＿＿＿＿　□劃撥　□現場活動　□贈書
　　□網路購書，網站名稱：＿＿＿＿＿＿　□其他＿＿＿＿＿

10. 對本書的建議：(請填代號　1. 滿意　2. 尚可　3. 再改進，請提供意見)

　　內容：＿＿＿＿＿＿＿＿＿＿＿＿＿＿＿

　　封面：＿＿＿＿＿＿＿＿＿＿＿＿＿＿＿

　　編排：＿＿＿＿＿＿＿＿＿＿＿＿＿＿＿

　　其他：＿＿＿＿＿＿＿＿＿＿＿＿＿＿＿

　　綜合意見：＿＿＿＿＿＿＿＿＿＿＿＿＿＿＿＿＿＿＿＿

袁老師免費幫你算——事業、友誼、愛情！

千金難買早知道，現在只要寫出姓名（若改過姓名，請註明原姓名及更改時間）、農曆出生年次以及想詢問的事由（事業、友誼、愛情……），於97/5/31前寄回本愛書人卡（以郵戳為憑），袁來老師將於「寶瓶書BAR」http://blog.pixnet.net/Aquarius0601陸續為你解惑，助你「早知道」！

回覆時，我們將隱去中間姓名一字。如：南投王大同，將以南投王X同呈現。

（請沿此虛線剪下）

寶瓶文化事業有限公司　　收

110 台北市信義區基隆路一段 180 號 8 樓

8F,180 KEELUNG RD.,SEC.1,

TAIPEI.(110)TAIWAN R.O.C.

（請沿虛線對折後寄回，謝謝）